悪魔に
狂する

悪と欲望の行動経済学

松本健太郎
Kentaro Matsumoto

毎日新聞出版

目次

第2章

「怒り」が人を動かす

第4章 言葉は人を騙す

第5章 嘘は真実より美しい

装丁・装画　遠藤拓人
写真協力　共同通信社
図版　ＷＡＤＥ
ＤＴＰ　松嵜　剛
校閲　小栗一夫

序章

ヒット商品には必ず
"悪"の顔がある

「キレイな嘘」にだまされてはいけない

■なぜ「サラダマック」は売れなかったのか

２００６年５月、マクドナルドから新メニュー「サラダマック」が登場しました。

当時のプレスリリースには「体によいことをムリせず楽しく続け、バランスのいい生活を応援するマクドナルドからの新しい提案として、野菜と果物を使ったカラダにやさしい５種類の新メニュー『サラダマック』を、２００６年５月13日（土）から全国のマクドナルドで発売いたします」と記載されています。

「サラダマック」誕生のキッカケは、お客様の声を聞く調査だったと言われています。

「ヘルシーなサラダが食べたい」「ヘルシーじゃないからマクドナルドには行きません」と

いう意見を聞いた商品開発のメンバーは、ヘルシーを具現化しつつ、あくまでマクドナルドらしいサラダとして「サラダマック」を開発しました。

しかし、サラダマックは期待に反してほとんど売れず、あえなく販売終了となります。

でも「サラダが食べたい」と言ったのは「お客様」だったはず。なのに、**その「お客様」がまったく買ってくれなかったのは一体なぜ**でしょうか。

データは事実ですが、真実とは限りません。意味を読み取らなければ、データは何の役にも立たないのです。

筆者はデータサイエンティストとしてデータを分析する案件に何度も従事してきました。案件の度にデータに騙され、時には作業がやり直しになったりクライアントにしかられたりして、その都度心から血を流してきました。

そうした経験をふまえてデータは非常に胡散くさい存在だと思っており、盲目的に信じると痛い目に遭うと考えています。

特に人間を相手にデータを計測するなら、なおさら慎重に「意味」を読み取らなければならないでしょう。**少しでも自分を良く見せたいという願望が働いて、騙すつもりのない「キレイな嘘」**をつく場合さえあります。

そうした「嘘」にまみれた胡散くさいデータを分析するには、定義をしっかり固めたうえで、きちんと計測することが必要です。もっとも、その準備には膨大な時間がかかりますし、そもそもデータの嘘を見抜くには労力だけでなくセンスも必要で、なかなか難しい作業です。

■「背徳感」が大ヒットのカギだった

多くのデータは不完全であり、事実・事象・事物・過程・着想などのうち、ごく一部をかろうじて表現しているに過ぎません。こうしたデータをもとに判断していると、誤った結論に導かれる可能性があります。

そこで重要になるのが、**洞察力**です。

優れたマーケターほど対象物を深く観察し、本質を鋭く見抜き、データから欠落した内容を推論によって埋め、仮説を立てて検証し、正しい結論を導きます。

先ほど紹介したサラダマックが売れなかった原因について改めて考えてみましょう。

お客様は「ヘルシーなサラダが食べたい」と語っていますが、これが「キレイな嘘」かもしれないと「洞察」しなければいけなかったのです。

たとえば、次のように推論することができたはずです。

「みんな、口ではヘルシーとかサラダとか言っているけど、本当にそう思っているのかな?」

「体によいことを楽しみたい、バランスのいい生活を送りたいと言っているけど、そんな枯れたお年寄りみたいな発想、20代が本当に考えるかな?」

このように洞察できる人は、データだけでなく、そのデータの源たる「人間」にもきちんと目を向けていると言えるでしょう。

お客様の中には、本心から「ヘルシーがいい」と思っている人もいるかもしれません。しかし「人間」を洞察していれば、**気持ちの半分は「世の中の流行に乗って、本心ではなく建前で言っている」に過ぎなかった**と、わかったはずです。

「不健康かもしれないけど、脂っこくてジューシーな高カロリーのハンバーガーをガブッと喰らいつきたいのがお客様の本心だ!」

このような「洞察」を重ねていけば、真のヒット商品が生まれます。

「サラダマック」の失敗のあと、マクドナルドは2008年に「クォーターパウンダー」を全国発売します。「クォーターパウンダー」とは「4分の1ポンド（約113グラム）のバーガーパティを使ったハンバーガー」という意味で、従来の2倍以上ものサイズです。

「そうそう！　まさに、これが食べたかった！」とお客様が手を叩いて喜んだ、かどうかはわかりませんが、結果的にこの「クォーターパウンダー」が大ヒット。お客様の「サラダが食べたい」は「キレイな嘘」だったと証明する結果となりました。

マクドナルドはその後も「あえて不健康そうな食事」を開発していきます。2016年にはビッグマックの1・3倍の大きさの「グランドビッグマック」、さらにビッグマックの2・8倍の大きさの「ギガビッグマック」を発売。

その当時、マクドナルドのCMOを務めておられた足立光さんは、著書『劇薬の仕事術』の中で**「ときどきガッツリしたおいしさが味わいたくなって、背徳感を感じながらも、つい食べてしまうのが、マクドナルドらしい」**と表現されています。

■人間は合理的ではない

寿命について合理的に考えれば、クォーターパウンダーやグランドビッグマックのような高カロリーの食事を口にするよりも、質素で健康的な食事を口にする方が良いに決まっています。それなのに、どうしてときどきマクドナルドに行きたくなるのでしょうか。

答えは簡単です。**人間は合理的ではない**からです。正確に言えば、状況に応じて合理性の定義が変わるため、本人は合理的だと思っても、周囲から見ればとても合理的に見えないのです。

普段は健康を第一に心がけている人が、肉厚なマクドナルドのハンバーガーを食べてしまう。どうしてもお腹がすいていて、ガッツリしたおいしさを味わいたいからです。夏休みがもうすぐ終わろうとしているのに、宿題を先延ばしにしてしまう。面倒なことが嫌で楽なほうに逃げたいからです。後遺症のリスクなんて1％も無いのに、手術をためらってしまう。万が一を考えてしまうからです。後先を考えずに、バイト先でとったバカな行動をSNSにあげてしまう。まさか自分の行動がネットで晒されるなんて思いもしないからです。

合理的に考えれば選ばない選択肢を自ら選んでしまうのは、**意思決定に歪み（バイアス）**

が生じているからです。だから「不健康かもしれないけど美味しいから止められない」と「背徳感」を抱きながらも、一時の快楽に身を委ねてしまうのです。

ただし、バイアス＝悪ではありません。人間の意思決定のクセ、しかも合理的ではないのに本人は合理的だと考えてしまうクセだと捉えて頂ければ良いでしょう。

そうした人間の意思決定の研究をしているのが**行動経済学**です。合理的でない人間の心理を究明する点から、行動経済学は「心理学と経済学」(psychology and economics) とも呼ばれています。

伝統的経済学は人間を「思慮深く、ある意味で利己的で、高い計算能力を用いて、あらゆる情報を理解して、最適な意思決定を下せる」と考えています。もちろん、そうした一面もあるでしょうが、大半は「思慮浅く、ある意味で破滅的で、高くない計算能力を用いて、ほとんどの情報を咀嚼できず、バイアスまみれの意思決定を下してしまう」のです。

つまり行動経済学は、**合理的な意思決定の限界に着目している**と言えます。

本人から見れば「ベストではないかもしれないがベターな選択だった」と思える意思決定も、周囲から見れば「ワーストに近い」と見える場合があります。しかし、それは本人が愚かなのではなく、行動経済学的観点に立てば「バイアス」が意思決定を歪めている可能性があります。

これは良い悪いの問題ではありません。ましてや意思で解決する問題でも、罰則で解決する問題でもありません。人間とは、そういう生き物なのです。私もそうですし、この本を手に取っている読者のみなさんもそうです。

そうした前提に立って、効率的かつ生産的な選択肢を選ぶように人々を促すのが**ナッジ**です。「そっと押す」「誘導する」などの意味があり、日々の意思決定のあり方の変化を目指しています。

■「合理性」では人間の50%しか見えない

マクドナルドが消費者にアピールするポイントは「背徳感」である、と洞察できる人はそう多くはいないでしょう。なぜなら、人は自分にとっての良い意思決定＝「善」しか選ばないと考えるビジネスパーソンが多いからです。

人間にとって健康こそ一番。だから人間は身体に良い食べ物が欲しいに「決まっている」。なぜなら人間は合理的な生き物だから、他の選択肢は「考えられない」。頭のどこかでそう決めつけていると、なかなか「背徳感のある商品」という発想にはいたりません。

人間は「善」（例えば健康）を求める存在とみなすのも、一理ある考え方です。しかし、人間は先述の通り複雑な存在です。その内面には「善」だけでなく、**身体に悪い食べ物をガツガツ貪りたいと感じる「悪」の欲求**も潜んでいます。

ある意味歪んでいるかもしれませんが、「悪」を選ぶのも、本人は良い意思決定だと思っているかもしれません。むしろ「楽をしたい」「酒に逃げたい」「あいつが嫌い」「あいつが妬ましい」といった悪い感情、**幅広い意味の言葉に置き換えれば「煩悩」**にまみれた姿こそ、本来の人間らしさなのかも知れません。

人間が持つ煩悩の中でも、根本煩悩と呼ばれる**「貪《とん》（欲望）」「瞋《しん》（怒り）」「痴《ち》（愚かさ）」「慢《まん》（怠惰）」「疑《ぎ》（不信）」「悪見《あっけん》（偏見）」**の6つが、煩悩の代表格だと言われています。一方で、六波羅蜜と呼ばれる「布施《ふせ》（施す）」「忍辱《にんにく》（耐え忍ぶ）」「智慧《ちえ》（修養）」「精進《しょうじん》（努力）」「持戒《じかい》（道徳規範）」「禅定《ぜんじょう》（集中）」の6つが、悟りを開くための修行徳目として知られます。偶然かもしれませんが煩悩と波羅蜜は相対するように重なっており、「悪」＝「煩悩」を打ち消す「善」＝「波羅蜜」とも見えます。

仏教では煩悩を無くし、波羅蜜の修行を遂行してこそ仏様の境地にたどり着けると考えられています。ですが私たち普通の一般人が、「煩悩」を「悪」だからといって否定して消し去ろうとしてもあまりうまくいかないでしょう。むしろ、**人はそうした「悪」にこそ魅力や親しみを感じるだけでなく、時には「熱狂」さえする**のです。

例えば、芸能人の出川哲朗さん、蛭子能収さん、漫画「こちら葛飾区亀有公園前派出所」でお馴染みの両津勘吉のようなキャラは、親しみを込めて「愛すべきクズ」と呼ばれます。落語に登場する八つぁん、与太郎のようなキャラもそうした存在でしょう。彼らは根本煩悩で言えば、痴や慢に分類される「悪」と言えます。

親しみやすい「悪」だけでなく、もっと感情の奥深いところをつかんで揺さぶるような「悪」もあります。映画『カイジ』では、地下収容所での勤務後にキンキンに冷えたビールを藤原竜也さん演じるカイジが飲み、**「悪魔的だ〜!」**と叫ぶ場面があります。

美味しい＝良いこと＝善ですから本来なら**「天使的だ〜!」**とでも言うべきですが、「天使的」ではキンキンに冷えたビールの旨さがよく伝わりません。「天使」よりも「悪魔」の方が俗っぽくて欲望まみれで堕落しているけど、その分だけとても魅力的だと私たちは無意識に感じている証左ではないでしょうか。まさに「貪」です。

「煩悩」は人間の心を強く揺さぶります。波羅蜜は心の揺さぶりを無くすための修行ですから、むしろ煩悩にまみれるほど、より強く心を揺さぶることができるでしょう。だとすれば、**人間を熱狂に駆り立てるためには、「善」よりも「悪」や「煩悩」のほうがより重要な要素**とも考えられます。

煩悩に負けてしまう心と、負けまいと修行する心。

双方を行き来しながら、悩み苦しんで日々を生きているのが人間なのだと筆者は考えます。

そうした人間の本質を理解せず、「善は悪に勝つ」「悪は忌避すべき存在」といった単純な枠組みで世界を見ている限りは、どれだけデータ処理の理論を学んだところで、「データの嘘」には気づけませんし、ましてや「背徳感こそヒットの鍵」みたいな「洞察」にはたどり着けません。

■ヒット商品には必ず「悪」の顔がある

ちなみに「悪」と言っても法律に反するような行為を積極的にしろ、と主張しているのではありません。

誰かに認めて欲しいと感じる「承認欲求」、相手に不満をぶつける「憤怒」や「苛立ち」、私のほうが相手より優れているといった「傲慢」な態度、「執着心」のような人間の愚かさを、仏教では煩悩と定義しています。筆者が「悪」と呼んでいるのは、こうした「煩悩」に代表される人間のダークサイドを指しています。

仏教は「煩悩」を消し去り、安らかな心の状態を目指す宗教ですが、「煩悩」の数は多く、またその範囲も広いので、「煩悩」を消し去るのはとても難しい、と考えられています。

見方を変えれば、**100％「善」なる人・モノ・サービスなんかありえない**のです。

そうした「悪」の存在を「それもまた人間じゃないか」と受け入れた方が、マーケターとしては、ビジネスや商品開発などの発想の幅が間違いなく広がります。

実際、優れたマーケターは、人間の煩悩によく目配せをしていると言われます。その代表作の1つとも言われるのが、2003年に放送された大人用紙おむつ「アテント」のCMです。

「アテント」のCMは、寝たきりの父を介護する娘がかつて自分の運動会に父がやってきたときのことを思い出す、という設定でストーリーが展開されています。

昔、父は運動会で娘を一生懸命「頑張れ」といって応援してくれたのですが、寝たきりになった今の娘には「俺のために、そんなに頑張るな」と一言つぶやくのです。

その台詞を聞いた娘が「その父の言葉で、無理をしていた自分に気が付きました」と言って手を休めると、「頑張らない介護生活、始めませんか」というナレーションが入って終わり、という演出になっています。

介護の経験がある方には特に伝わると思いますが、自分の親の面倒を長い間見ていると「これまで私を育ててくれたんだから、恩返しで今度は私が頑張らないと」という「善」の心だけではなく、「いつまでこの状態が続くんだろう」「私の人生が親に奪われてしまう」という「悪」の心（この場合は「慢」の心）もどうしても芽生えてしまいます。

この「悪」の心は、本当なら考えること自体いけないような感情なのかも知れません。ただ、100％「善」であろうとして「悪」の心を抑圧しつづけたあげくに、ある日突然、糸が切れてしまったかのように親に対する憎しみを爆発させ、悲惨な介護殺人に至る事件も発生しているのが現状です。

そうなる前に、むしろ適当にさぼったりして、自分の「悪」の部分を認めた方が結果的には親のためにもなるのではないでしょうか。

一生懸命頑張るのは確かに良いことでしょう。でも頑張りすぎてしまい、目的を達成できなければ意味がありません。**「善」「悪」どちらの感情も認めることが大事です。**

「アテント」のＣＭでは、ほぼ「善」の心にうったえかけつつ、父の口を借りる形で「がんばらない介護」を勧めて、ほんの少しだけ**「悪」のスパイス**を振りかけてあります。
このバランスが絶妙だからこそ、「アテント」がヒット商品となっただけでなく、放映開始から15年以上経った今なお、名作CMとして語り継がれているのです。
「アテント」はほんの一例にすぎません。世の中のヒット商品・定番商品を分析してみると、必ずといっていいほど人間の「悪」の側面を突いているとわかるのです。

筆者はデータサイエンティストとして主にマーケティング領域で活動していますので、とくに最近は「人工知能を使ってヒット商品を発見できないの？」といった相談を受ける機会が増えました。

ただ、その都度、このようにお答えしています。

「膨大なデータを眺めて『次のヒットは確率的にこれ』と予想するよりも、人間の悪の側面を眺めて『こういう煩悩は誰もが持っているからヒットしそう』と予想する方が、よほどヒットする確率が高いです」

本書では、人間の根本煩悩である「貪（欲望）」「瞋（怒り）」「痴（愚かさ）」「慢（怠惰）」「疑（不信）」「悪見（偏見）」の6つに注目し、世の中の「ヒット」と「ブーム」がどのように生まれているのかを分析していきます。

データサイエンスに加えて「認知心理学」「行動経済学」の枠組みも活用し、「バイアス」がどこにあるのかを明らかにしていきたいと思います。

ビジネスだけでなく、皆様の人生におけるさまざまな局面において、こうした知見と「洞察」はきっと有益な作用をもたらすと考えています。

洞察力は、さまざまな学問や教養、人生経験も必要になりますから、本書だけでそのすべてを説明できるとは思っていません。ただ、本書を通じて「洞察」自体を理解するための「ツール」「枠組み」を提供すれば、皆様の人間に対する見方や、「善」と「悪」の境界線の考え方がきっと大きく変わると感じています。

第1章

人は「強欲」な存在である

昔話

花咲かじいさん

ある山里に心優しい老夫婦と、欲張りで乱暴な老夫婦が住んでいました。

心優しい老夫婦が飼っている犬が畑の土を掘り「ここ掘れワンワン」と鳴き始めました。驚いて鍬《くわ》で掘ってみたところ、小判が出てきたので、喜んだ老夫婦は近所にお裾分けをしました。

一方、欲張りで乱暴な老夫婦は、心優しい老夫婦が金持ちになったのをねたみ、その犬を無理矢理連れ去って、財宝を探させます。

しかし犬が指し示した場所からは、期待はずれのガラクタ（ゲテモノ・妖怪）しか出てきませんでした。欲張りで乱暴な老夫婦は、激怒して犬を殺してしまいました。

わが子同然にかわいがっていた犬を失い、悲しみにくれる心優しい老夫婦。

彼らは死んだ犬を引き取って庭に埋めて、墓標として小さな木を植えて供養しました。

植えられた木は短い年月で大木に成長します。するとやがて老夫婦の夢に犬が現れ、その木を伐り倒して臼《うす》を作るように助言しました。

老夫婦がその助言どおりに臼を作り、餅をつくと、財宝があふれ出ました。

それを知った欲張りで乱暴な老夫婦は再び難癖をつけて、その臼を借り受けます。

しかし彼らが餅をついても出てくるのは汚物ばかり。激怒した彼らは斧で臼を打ち割り、薪にして燃やしてしまいました。

心優しい老夫婦は臼を燃やした灰を返してもらい、畑に蒔こうとします。が、そのとき風が吹いてきて灰が吹き飛んでしまいました。

すると驚いたことにその灰を浴びた枯れ木が桜の花を咲かせました。

心優しい老夫婦は喜んで、他の枯れ木にも灰をかけると、あたり一面桜が満開となりました。その話を聞いた殿様が桜を見に来ました。殿様は心優しい老夫婦をほめ、褒美を与えました。

これをねたんだ欲張りで乱暴な老夫婦が真似をして灰をまきましたが、花が咲くどころか殿様の目に灰が入ってしまい、無礼をとがめられて罰を受けました。

勧善懲悪の昔話として知られる「花咲かじいさん」。

読者の皆様もあらためて読んでみて、心優しい老夫婦には喝采を、欲張りで乱暴な老夫婦には罵声を浴びせたのではないでしょうか。もしこれが現代の話だったら、SNS上で騒ぎになってもおかしくありません。

犬を殺害する、借りた臼を勝手に燃やすなんて、たしかに最低な行為です。同情の余地はありません。

ですがそうした犯罪的な行動は除いて、欲張りで乱暴な老夫婦の行動を**「成功した人をすぐにまねた、学んですぐに行動した」**と置き換えて考えると、今の世の中ではむしろ賞賛されるのではないかと考えます。

なぜ、こうした価値の転換が起こるのでしょうか。

その秘密はまさに「欲張り」をどう考えるかにかかっています。財宝が欲しい、殿様に認められたい、というのは確かに「強欲」です。

ですが「強欲」は本当にいけないことなのでしょうか？

もっと欲しいという「悪魔のささやき」

■「食べ放題」はなぜ人気なのか

好きな食べ物を、好きな量だけ、何度でも食べられる**「食べ放題」システムは、まさに「強欲」を地で行くような食事のスタイル**です。

日本における食べ放題の歴史は実は新しく、1958年8月に新しく開館した帝国ホテル第2新館のレストラン「インペリアルバイキング」が始めたのが最初だと言われています。

新館の目玉となるレストランを探していた当時の帝国ホテルの犬丸社長が、旅先のデンマークで北欧式のビュッフェ「スモーガスボード」に出会ったのがキッカケだそうです。

日本にはそれまでなかった「食べ放題」システムに感動した犬丸社長は、その仕組みを日本に輸入しようと考えました。ただ「スモーガスボード」という日本人にはあまり馴染みのない名前だと人気が出ないと考え、その新名称を社内公募します。

「北欧と言えばバイキング」という、やや安直（？）な発想と、ちょうどその当時に『バイキング』という映画が上映されていて、その映画に登場する豪快な食事シーンが社員の印象に残っていたという理由で、「バイキング」という名前になったそうです。

当時の大卒初任給は12800円、一方で「バイキング」はランチ1200円、ディナー1600円とかなりの高級路線のレストランでした。しかし開店直後から人気に火が付き、全国各地に「食べ放題」システムが伝播していきました。

これが「バイキング形式」として知られる「食べ放題」システムの由来です。

食べ放題にはこの「バイキング形式」のほか、実はさまざまな種類があります。「バイキング形式」に代表される、自分で取り分ける「ビュッフェスタイル」は帝国ホテルのようなホテルや、スイーツの食べ放題に多くみられるシステムです。

一方、自分で取り分けるのではなく、その都度注文する「オーダースタイル」は「焼き肉きんぐ」のような焼肉店や、横浜中華街「皇朝」などの中華料理店によく見られるシステムです。最近ではケンタッキーフライドチキン（ＫＦＣ）のようなチェーン店でも、一部店舗

マズローの欲求5段階説

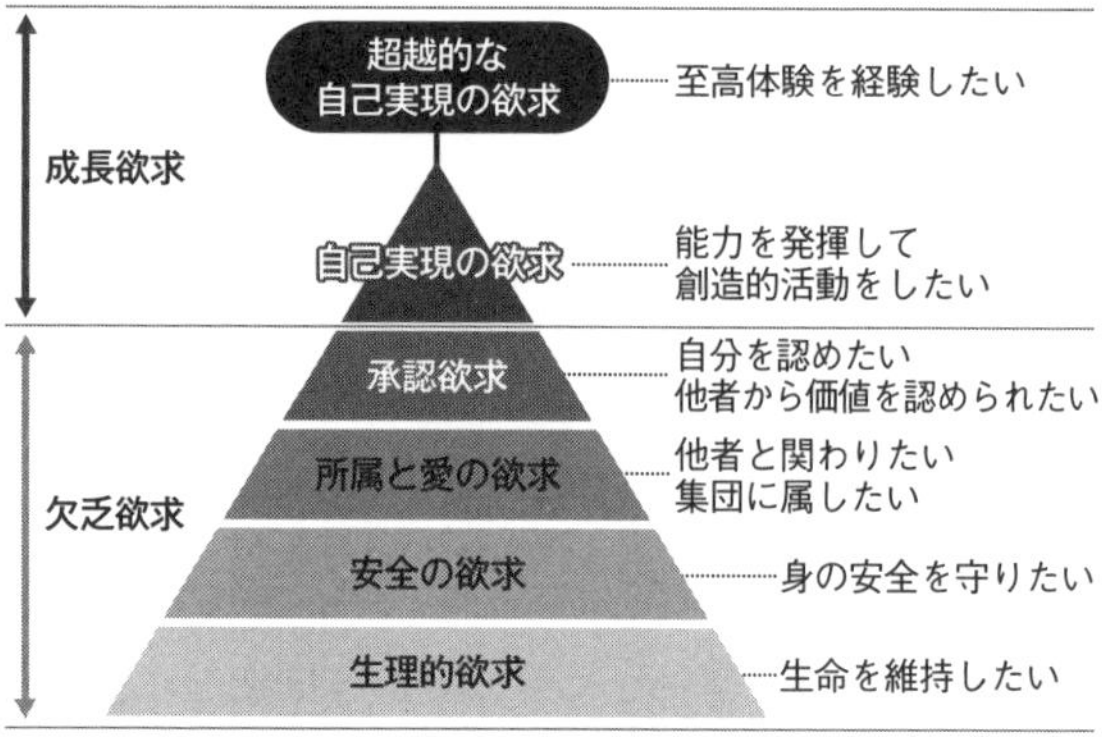

でオーダーバイキングを始めています。

この「食べ放題」システムが今に至るまで人気であり続けているのは、「好きなものをお腹いっぱい」食べられる満足感が最大の理由であるのは言うまでもありません。

ちなみに、アメリカの心理学者アブラハム・マズローは、「人間は自己実現に向かって絶えず成長する」と仮定し、人間の欲求を5段階の階層で理論化しました。

その最下層に「生理的欲求（Physiological needs）」が位置しています。食欲は「生理的欲求」の1つで、マズローの理論からすれば**「食欲は人間の最低ランクの欲求」**となります。ただそれは決して悪い意味ではなく、そうした基礎的な欲求である「食欲」が充たされてこそ、自己実現などのさらに高レベルの欲求を人は追求できるのです。

ちなみに、筆者は「ご褒美」と称して、たまにホテルバイキングへ出掛けます。和やかな雰囲気に包まれ、自分の食べたい物だけを何度も食べられるので、幸せな気持ちになります。それに周囲を見渡しても、他のお客さんも同じように幸せそうに見えます。そもそもホテルバイキングで、険しい顔の人を見かけた記憶がありません。

なぜ食べ放題に来ると、みんな楽しそうなのでしょうか。それはおそらく心理効果の１つ**「気分一致効果」**の影響だと思われます。美味しい料理をたらふく食べて、食欲が充たされているからこそ、自然と笑顔になるのでしょう。

1

【気分一致効果】Mood congruency effect

その時々の気分や感情に見合った情報に目が向きやすくなる、あるいは関係した記憶を思い出してしまう効果。良い気分の時には良い情報を、悪い気分の時には悪い情報をよく思い出します。

◉ 具体例

イライラした気分で街中を歩くと、緊急事態宣言が出ている最中に県外から来たナンバーの車にイライラして「自粛しろ」と怒り出してしまう。一方で、機嫌がいい時には自粛の最中でも営業している店を見つけると意気に感じて、ついつい買ってしまう。スピリチュアルな世界では「引き寄せの法則」と呼ばれているようです。


ところが、筆者の故郷・大阪では雰囲気が一味違います。

大阪新阪急ホテルにある関西最大級のグルメバイキング「オリンピア」では、お店の開店前に入り口で順番を待つお客さんの雰囲気は、さながら「戦場に向かう武士《もののふ》」といった趣きです。

ほとんどの人が「元を取りたい」と考えているので、母親が指揮をとって、父親に「あなたはローストビーフ」、息子に「あなたはお寿司」、娘に「あなたはフォアグラ」と作戦指導をしている光景を本当に冗談抜きで目にします。

開店時間を迎えてスタッフの案内で着席したとたん、まるで悪魔が獲物を漁るかのような勢いでお目当ての品に向かってみんな飛び掛かかります。それが最後の最後まで続くのですから、正直ちょっと怖い。ただし、大阪では日常茶飯事です。

■人はなぜ「元が取れる」と誤解するのか

普通の食事なら元を取ろうとは思いません。そもそもメニューが決まっていて取りようがありません。出された水をいっぱい飲もう、取り放題の紅生姜をいっぱい食べようなんて考える人はまずいません。

一方、高級寿司や焼き肉の食べ放題では、「元を取ろう」とする行動が多く見られます。原価が高そうに見える「食べ放題」には、人を強欲な悪魔に変える何かがあるのです。

おそらくは**「いっぱい食べれば元が取れるかもしれない」という仮説が、「元が取れるにもかかわらず、食べなかったら損をする」という感情を引き起こしている**のでしょう。

これは関西人がケチだからではなく、どんな人間でも「損をしたくない」という本能をもっているからです。これを**「損失回避」「サンクコストの誤謬」**と言います。

2

【損失回避】Loss aversion

利益の獲得より、損失の回避を好む傾向。人間はとにかく損をしたくない生き物。行動経済学におけるプロスペクト理論を構成する1要素でもあります。

◉具体例

（A）確実に1万円を貰える。

（B）50%の確率で2万円を貰えるが、50%の確率で0円になる。

どちらかの選択肢を迫られると、多くの人は（A）を選びます。中にはリスクをとって（B）を選ぶ人もいるかもしれません。

（C）確実に1万円を失う。

（D）50%の確率で2万円を失うが、50%の確率で0円になる。

一方で、趣旨が利益から損失になると、多くの人は（D）を選びます。どちらも平均1万円を得るか失うかなのですが、1万円を得る喜びと、1万円を失う悲しみは同義ではないのです。少しでも「損をしない可能性」に賭けたいのです。似たような状況として「株の損切り」が考えられます。株価が下がっても、もしかしたらチャラになるかもと考えて売り出せず、余計に損失を被ってしまうのです。

3

【サンクコストの誤謬】Sunk cost fallacy

今まで投資したコスト（お金・時間・労力）のうち、撤退・中止しても戻ってこない分をサンクコストと呼ぶ。サンクコストの誤謬とは、今まで投資したコストが無駄になる恐怖から、これまで行ってきた行為を正当化するために、非合理的な判断を行う状態を指します。

◉具体例

開始10分で「つまらない」と思った映画でも、1900円支払ったから、10分見てしまったから、という理由で残り110分見続けてしまう。この事例において1900円と10分はもう戻ってこない「サンクコスト」です。すでに回収不能な1900円と10分は判断基準から外して「映画がこの先面白くなる可能性」と「中断した場合に得られる110分の価値」を比較するのが本来合理的な行動ですが、多くの人はサンクコストを判断基準に含めて意思決定してしまいます。

仮に5000円のホテルバイキングだったとして、元を取ろうとする人は、

(A) 5000円分を食べきれない (損をする)
(B) 5000円分食べて元を取る (損をしない)

どちらかを選択するよう迫られているのだ、と考えれば行動の理由も多少は納得できます。ただ5000円はすでに払ってしまった回収不能の「サンクコスト」ですので、二度と戻ってきません。たくさん食べようが食べまいが、金銭的な損得には全く影響しません。

■人は「腹八分目」には熱狂しない

食べ放題に来て元を取ろうとするあまり、「元を取ろうぜ」という悪魔のささやきに騙されて、ローストビーフなどの原価が高そうなメニューばかりを注文する、マナー的にいささか見苦しいお客さんも時にはいます。

一方で、ここにあげた「損失回避」や「サンクコストの誤謬」を知り、「元を取ろうとしても無意味」だと理解しているような人は、そうしたお客さんを冷ややかな目で見ています。「バイキングは料理を少しずつ取って、たくさんの種類の料理を楽しむもの。それなのに同じ料理ばかり取っていて飽きないのか」という意見もあるでしょう。

ちなみに、同じ食事を食べているうちに飽きてしまう現象を、**感覚特異性満腹感（sensory-specific satiety）**と言います。

同じ味ばかり食べると、脳に「飽きた」という信号が送られてしまうので、すぐ満腹になってしまうのです。新しい味と出会うと新たに食欲が刺激され、空腹感を覚えるようになります。「デザートは別腹」と言いますが、まさにこの感覚特異性満腹感によるものです。お腹がいっぱいになるのは「脳がいっぱい」になっているだけなので、違う味を食べるとまるで別の腹に収めるかのように、また食べられるのです。

だからバイキングで感覚特異性満腹感が刺激されてしまい、満腹なのに食べ続けて、最後には体調を崩してしまう人が中にはいるのです。「元を取ろう」という悪魔のささやきに騙された人たちです。

「せっかくの楽しい食事なのに、元を取ろうとして苦しくなったら台無し」というのも一理あります。

しかし、せっかくお腹いっぱい食べるために食べ放題に来て、量をセーブして腹八分目できれいに食べよう、というのもまるで優等生の発言です。たくさん食べることで満足する筆者は、ちょっと反感を感じます。**「キレイごと」だけでは人間を語れません。**

欲望に素直になると、心に開放感がおとずれます。

仕事で嫌な出来事があったあと、暴飲暴食に走るのはよくあるストレス解消法です。「気分一致効果」でご説明した通り、食べ放題に来たお客さんの間には幸福感が漂っています。腹いっぱい食べることで幸福感がおとずれ、ストレスが解消されるのです。

つまり「食べる」ことの効用は、1つではないということです。生命維持の観点、あるいは健康で文化的な生活の構成要素としてのみ「食べる」ことを考えていると、50％の「悪」の部分を見落としてしまいます。

２０２０年6月現在、新型コロナの影響でバイキングの店舗はほとんど店を閉めています。再開したら倒れるまでぜひ腹一杯食べたいものです。

■吉野家を復活させた「悪魔のメニュー」

かつてＴｗｉｔｔｅｒ上でchoitas_infoさんの「人間のお腹は『平均』４００グラムで満腹になる」という発言が話題になりました。

「いきなり！ステーキ」の定番メニュー「ワイルドステーキ」が３００グラム、「カレーハウスｃｏｃｏ壱番屋」のライス（普通）も同じく３００グラム。それぞれライスやルー、トッピングなどを足して1食あたりちょうど３５０～４００グラム前後になる計算です。ちなみに、牛丼でおなじみの「吉野家」は牛丼並盛の量が約３５０グラム前後と、ほぼ同じ量です。

つまり外食産業の1食分の量は、ちょうど人間が満腹になりやすい量を基準にして計算されているようです。

もりぴ@酒クズファッションサイコパス
@choitas_info

【覚えておくと便利な知識】

これはファミレスの商品開発理論なんですが「人のお腹は平均400gで満腹」になります。

鍋とかBBQとかで食材を調達する時は一人400gを基準に用意すると丁度よいです。
(炭水化物系はバランス調整で使います)

感覚で用意すると大人数のイベントでは大惨事になりますよ！

午前9:04 · 2020年1月5日 · Twitter for iPhone

しかし、それでは節制し過ぎ。食事には、**大盛りやご飯おかわり無料など「悪魔的な喜び」**を感じるという醍醐味があり、世間にはそれを実感させてくれるメニューが数多くあります。

２０１９年３月には吉野家から、肉の量が大盛の２倍もある「超特盛」と、逆に並盛の４分の３サイズの「小盛」が発売されました。

特に「超特盛」は大ヒットを記録し、発売開始した３月７日から４月６日の１カ月間で、当初予想の２倍以上となる１０２万１８６８食を売り上げたそうです。

ちなみに並盛は６５２キロカロリーで３５２円（税抜）、超特盛は１１６９キロカロリーで722円（税抜）です。1キロカロリーあたりで換算すると、並盛は0・54円、超特盛は0・62円ですから、実は並盛の方がお得です。

「お腹いっぱいになりたいなら、超特盛を頼むよりも並盛を2つ頼んだ方が良いのでは？」と考える人もいるかもしれません。実際、一部のYoutube動画やWEBサイトには、並盛と超特盛のご飯と肉の量を測って「並盛2つ頼む方がお得でコスパが良い」などと盛り上がっている人もいるようです。

では実際に、吉野家で並盛2つ頼んだ人がどれだけいたでしょう。残念ながら、筆者はそういう光景にこれまで遭遇した記憶がありません。理由は単純で**「恥ずかしい」**からです。目の前に丼が2つ並んで、それを平らげる姿は、特盛を頼むより食いしん坊に見えます。1キロカロリーあたりで換算して並盛が0・08円損していると言われても「それぐらいなら払う」と判断する人が多いでしょう。

並盛りを2つ頼むほうがコスパはいいのに、なぜか超特盛を頼んでしまう。これも人間が「悪魔」に惑わされて判断を誤っている一例と言えるでしょう。

大ヒット商品は「不満」から生まれる

■なぜ近年大ヒット商品が生まれないのか

新しい時代「令和」の幕が開きました。

緩やかな景気拡大が続くと思いきや、新型コロナウイルスによる景気悪化が突然世界を襲い、目まぐるしい状態が続いています。本来ならAIやロボットのような新技術の実用化も始まり、これからバラ色の時代が始まるはずだったのに、と思っていた方もいらっしゃるでしょう。

しかし、少なくとも企業の商品開発部門はその真逆で、コロナによる景気悪化以前から、新商品やサービスの「冬の時代」と考えていた節があります。なぜなら、すでに世の中のあらゆる領域に商品が行き届いてしまい、もはや消費者のニーズを満たすような斬新なアイディアの余地が、どこにも残されていないからです。

せめて既にある商品が明らかに低品質だとか、耐久性に難があるといった明確な課題があれば、それを手がかりに新商品を考えられます。しかしどの商品を手にとっても、質が良く、バリエーションも豊富、長持ちもして使いやすく、かゆいところに手が届く機能もあったりして、およそ新しい商品が付け入るスキなど見当たらないのが現状です。

見方を変えれば、**不満らしい不満も見つからないので、商品・サービス開発の糸口が見つからない**のです。

企業には「売上拡大」という至上命題がありますから、既存商品をプチ・リニューアルして新たな消費者層に買ってもらうか、新商品をリリースするか、とにかく**購入回数や購入頻度を高めて、売上を増やさなければいけません。**したがって、商品・サービスの開発は避けて通れないのです。

消費者は「これで十分」と思っているのに、新商品・新サービスを作らなければいけない。こうした矛盾に、多くのメーカーは頭を悩ませています。

本当に消費者は何の不満も抱いていないのでしょうか。欲しいものは特にないのでしょうか。

実際には「そうそう！　実はそれが欲しかった！」と消費者が喝采し、新たな市場を創造したヒット商品も常に生まれています。

サントリーから2017年4月に発売された「クラフトボス」シリーズが良い例です。発売からたったの9カ月で販売数量は1000万ケース（2億4000万本）を突破して、**日本に「ペットボトルコーヒー」と呼ばれる新たな市場を創造しました。**

特にIT産業などの従業員に多いデスクワークの人たちが、仕事をしながら時間をかけて少しずつ飲む「ちびだら（ちびちび少しずつ、だらだら長く）飲み」ニーズを想定して、今までのコーヒーに無いサラッとした薄味の飲み口になっているのが特長です。

サントリーは新市場開拓が非常に上手く、他にも「マイナス196℃ ストロングゼロ」を発売して、高アルコール飲料の端緒を切り開きました。アルコール度数が高いのに飲みやすく（発売当初は8％、2014年12月からは9％に変更）、しかも1缶141円と安い。「手軽に酔える酒」として、SNS上では「飲む福祉」とまで表現されています。

実際、その高いアルコール度数を危険視する声も多くありますが、**普段の自分を解放して堕落できる商品として根強い人気**を保っています。

その他の事例として、雑貨として定番商品になった「マスキングテープ」が浮かびます。2006年、工業用品を製造していたカモ井加工紙に工場見学をさせて欲しいと3人の女性が訪れ、彼女たちが「マスキングテープは可愛いから雑貨として売れる」と提案したことが開発のキッカケになりました。

マスキングテープとは、塗装現場や撮影現場など作業箇所以外を汚さないために使われていた工業用具です。工場ではありふれた商材ですが、一般市場で果たして売れるのか、最初は会社側も戸惑っていたそうです。

しかし、いくつかの試行錯誤を重ねて２００７年には豊富なカラーバリエーションで通常より小さいサイズのマスキングテープ「ｍｔ」ブランドが誕生。その実用性とファッション性が注目され、今では多くの女性がかわいいマスキングテープを使っています。「ペットボトルコーヒー」同様に、新たな市場を創造した好例です。

こうしたヒット商品にハマって抜け出せない状態を、ネット上では**「沼」「沼落ち」**と表現します。たいして使いもしないのに狂ったようにマスキングテープを収集する様は、ズブズブの底なし沼に落ちるようでもあります。

「消費者は満足している」「ニーズがなくなった」なんて言われていますが、実際に消費者分析に従事した経験から言えば、そこら中に**「困ったな〜」「なんか物足りないな〜」「ちょっと嫌だな〜」「心が充たされないな〜」といったニーズが転がっています。**

そうしたニーズをいち早く見つけた一部の企業だけがヒット商品を生み出し、**率先して消費者を「沼落ち」状態にしている**のです。

こうした「ヒット商品」の開発者は、どうやってニーズを発見したのでしょうか。

その秘密は、人間の「悪」の1つ、**「不満」の見つけ方**にあります。

人はある対象を判断するとき、心の中に**「アンカー」**と呼ばれる基準を設けます。そして「アンカー」の基準より「良いか悪いか」「高いか低いか」を比較します。悪い・低い（マイナス）だったら「不満」を抱くようになります。マイナス幅が大いほど、大きな不満に繋がります。

もちろん「食欲」「睡眠欲」「性欲（排泄欲）」など絶対的な欲求が満たされない場合も「不満」につながりますが、それらを除いた**「不満」の大半は、「アンカー」との比較によって発生した「不満」なのです。**

他人の境遇、才能や他人が持っている物と、自分のそれを比べるから「不満」が生まれてしまうのです。逆にいえば「人の不幸は蜜の味」のように、人の不幸を知れば、自分が相対的に見て幸福だと実感できるようになります。

普段から不満を抱きがちな人は、心の中の「悪」が大き過ぎると言うより、自分の中で設定している「アンカー」が大き過ぎると考えても良いでしょう。その逆に不満がまったく無い人は、「悪」が全く無くて「善」に満ち溢れているのではなく、自分の中の「アンカー」が小さ過ぎるか、そもそもアンカーを持っていないのかも知れません。

この「アンカー」によって人の判断が歪むことを**「アンカリング」**と呼んでいます。

4

【アンカリング】Anchoring

アンカーと呼ばれる「先に与える情報」が判断を歪めてしまう現象。「どこに基準を置くか」で人間の意思決定や感情は大きく変わってしまう。

◉具体例

１９７４年、エイモス・トヴェルスキーとダニエル・カーネマンは、国連に加盟している国のうちアフリカが占める割合を当てる実験を行いました。ただし被験者は実験の前にルーレットを回します。ルーレット盤は細工されていて、かならず10か

65で止まるよう細工されています。10で止まった被験者は中央値で25%と回答し、65で止まった被験者は中央値で45%と回答しました。多くの被験者は、アンカーに縛られていました。もし当てずっぽうで答えたならば、どちらも同じような割合になるはずです。

自社で開発しているスマホゲームに対して「何か不満はありますか?」と聞いたとして、「アンカー」を設定しなければ「なんか飽きた」といったアバウトな回答しか出てきません。「勝負事になると普段より熱くなってしまうあなたにとって、何か不満はありますか?」と聞いて「勝負に熱くなってしまう自分」を「アンカー」に設定すれば、「負けたくないのに廃課金者と戦って悔しい思いをした」みたいな、今まで気付いていなかった不満にたどり着けるでしょう。

消費者の口から「もう十分」「不満は特にない」という言葉が出るのは、消費者が現状に100%満足しているからではなく、**不満を生み出すはずの「アンカー」の設定が原因かもしれません。**

■「不満」の洞察がヒットを生む

「不満」が「悪」なのは、欲望の際限が無くなるからです。あれが足りない、これが足りないという不満がひとたび解消されれば、さらに欲望は拡大し続けます。キリがありません。

しかし企業からしたら、「不満」は商品・サービス開発の源泉になります。アリババ創業者のジャック・マーは**「チャンスは常に人々の不満の中にある」**という名言を残しました。実際、世の中から「不満」がなくなるとベンチャー起業家は困ってしまうでしょう。不満が解消されてこそ、消費者はお金を払うのですから。

考えてみれば、戦後の商品開発は、消費者の不満を聞き、それを解消するサイクルが大半でした。御用聞きなんていう言葉がありますが、消費者の不満さえ解消できれば、商品・サービスを買って貰えたのです。つまり「オペレーション」の時代でした。

ただ、現在は目に見える「不満」をだいたい解消してしまいましたし、消費者も「今のまま満足している」と感じるようになりました。したがって、これからは見えない不満を炙り出した企業が有利になります。つまり「イノベーション」の時代になるでしょう。

サントリー「天然水」ブランドのV字回復は、見えない「不満」の可視化に挑んだ良い例だといえると思います。

1991年の販売開始以降、順調に売上を拡大していた「天然水」ブランドでしたが、小容量のペットボトルサイズでは「ボルヴィック」「クリスタルガイザー」といった海外勢が勢いを持ち、2009年には日本コカ・コーラから発売された「い・ろ・は・す」に一気にシェアを抜き去られて以降、市場では「2位ブランド」に甘んじていました。

そこでサントリーの「天然水」チームは1位奪取を狙って戦略を立案、その一環としてパッケージのリニューアルに取り組みました。

消費者調査の結果から **「自然環境に配慮した活動をしているのにパッケージから伝わってこない」「若い人たちから見て自分たちのブランドだと思えない」** といった消費者の「不満」を発見したからです。そこで13年5月に「天然水の森」に生息する動物のイラストをデザインしたラベルに変更します。

その結果、逆に一部コンビニでのシェアが約47%から約38%へ、10%ほど一気に下落したそうです。まったく想定外の結果に、サントリー社内には激震が走ったと思われます。

消費者の「不満」を解消したはずなのに、なぜ、買われなくなってしまったのでしょうか。

リニューアル後の「天然水」パッケージ

チームは「天然水が大好き」な超ヘビーユーザーを対象にした過去の消費者調査の結果を、片っ端から調べたそうです。

その結果、意外な事実が明らかになりました。

「天然水」にどのようなイメージを持っているかという質問に、超ヘビーユーザーたちが寄せた意見は「すごく涼しい」「ひんやり気持ちいい」「すがすがしくて、思わず深呼吸したくなる」など**「水に直接の関係がない」ものが多かった**のです。

その結果から、チームは1つの仮説を立てます。

「天然水」は単なる水ですが、実は水以外の価値を提供しているのではないか。

そしてその価値とは、おそらくリニューアル前のパッケージに明確に描かれていた山々の風景が伝える「冷たく澄んだ空気の感じ」だったのではないか。

再リニューアルした「天然水」パッケージ

消費者がリニューアル後の「天然水」を買わなくなったのは、そうした「冷たく澄んだ空気の感じ」を感じなくなった商品に対する「不満」が理由だったのではないか。

解消すべき「不満」を間違えってしまったのではないかと考えたチームは、２０１３年７月にパッケージデザインを再リニューアルします。

仮説の筋が良かったのか、売上は再び拡大しました。また「天然水」ブランドが提供している価値が「水」から「南アルプスの冷たく澄んだ空気を体の中に取り込める気持ち良さ」にまで拡張されたおかげで、フレーバーウォーターやスパークリングなど様々なラインナップを投入する理由が生まれ、２０１８年には国内清涼飲料市場で年間販売数量Ｎｏ１を獲得しました。

災い転じて福となす、でしょうか。

「天然水」ブランドが見えない「不満」の可視化に成功した理由は、**「アンカー」を柔軟に設定した洞察力にあった**と考えます。

「不満」を見つける場合、よくある方法として「競合他社製品」の機能、品質、価格などを「アンカー」に設定して、自社製品と比較するのが一般的なやり方です。

ただ、「天然水」ブランドのチームが「競合製品」と「自社製品」の優劣だけに着目していたら、「冷たく澄んだ空気の感じ」こそ消費者が求めていた「価値」だったと気付けなかったかもしれません。

■「情緒」を刺激する商品は売れる

サントリー「天然水」ブランドの事例は、もう1つ重要な点を示唆しています。商品が売れる理由とは必ずしも機能だけではない、ということです。

「天然水」は水である以上、「喉の渇きを潤す」という「機能に由来する価値」こそ商品が売れる理由だと企業側は思いがちですが、実は「冷たく澄んだ空気の感じ」という「機能以

外の価値」をも消費者は買っていたのです。

その意味では前節で紹介した「食べ放題」も、「好きなものを好きなだけ食べてお腹いっぱいになる」という「機能に由来する価値」だけではなく、「幸福感」という「機能以外の価値」を提供しているといえます。

この**「喉の渇きを潤す」「お腹いっぱいになる」などの商品・サービスの「機能に由来する効用・価値」を「機能価値」**といいます。

そして**「清冽な水と空気を感じる」「好きな食べ物を好きなだけ食べられる幸福感」など、商品・サービスを知覚して得られる感覚や気分、感情的なつながりなどの「機能以外に由来する価値」を「情緒価値」**といいます。

ほとんどの商品・サービスには「機能価値」「情緒価値」の両方が備わっています。

仮に「機能価値」が競合と見劣りしていても、「情緒価値」を消費者に強くアピールし、売り上げを大きく伸ばす場合もあります。特に有名なのが「ロウソク」の事例です。

ガスや電気が登場する前まで、ロウソクは「周囲を明るくする機能」を提供する巨大産業でした。ところがガス灯や電球が登場して、「周囲を明るくする機能」においてガス灯や電球に劣るロウソクは、その地位を奪われます。市場の大半を失い、宗教的儀礼や、災害などでガスや電気が使えない緊急時にのみ使われる存在となりました。

しかし90年代に入って、欧米ではロウソク市場が急拡大します。欧州ロウソク製造業社協会によると２０１６年のロウソクの年間消費量は70万トンを記録、もっとも成長している産業の１つに数えられるまでに成長したのです。

ロウソクがなぜ急に売れ始めたのでしょうか。その理由は**「心が癒される」「部屋をくつろげる空間にする」「独特な雰囲気を味わえる」**という「情緒価値」がロウソクにあったからです。米国ロウソク協会によると、ロウソク使用者の10人中９人が「部屋を快適でくつろげる空間にするため」にロウソクを用いると回答しています。

消費者は明るさを求めているのではなく、程よい暗さと雰囲気を求めていると分かってから爆発的にヒットした商品の１つがアロマキャンドルです。

企業の商品開発は、どうしても「機能価値」に目が向きがちです。アンカーとしても「機能価値」が使われるケースが多かったと思います。例えば「食器用洗剤」は、「油汚れが落ちる」といった「機能価値」をアンカーに設定して、その優劣を競争していました。

しかし、どのメーカーの食器用洗剤でも「機能価値」に大きな差がなくなってしまい、消費者はどの商品を購入すれば良いかわからない状況が生まれてしまいました。

「機能価値」の限界が訪れたからこそ、企業の商品開発部門は頭を抱えていたのです。

今後は、サントリーの「天然水」ブランドのように「情緒価値」をアンカーとして活用する商品開発競争がより活発になっていくでしょう。世界的に見ても取り組みが成功していない印象で、せいぜいアップルやダイソンといった企業がうまく活用しているぐらいです。「アンカリング」を活用する取り組みは今からはじめても遅くないともいえます。

「不満」は人間の欲望を際限無く広げる「悪魔」かもしれませんが、企業の成長を促す天使のような側面もあります。忌避しなければ、大きなムーブメントを生みだせる機会は多いのではないでしょうか。

「承認欲求という魔物」が人を狂わせる

■「意識高い系」はなぜ注目されたのか

2010年代に日本語として定着した言葉の1つに**「意識高い系」**があります。

言葉が生まれたキッカケは2000年代前半に「能力が高く、年齢の割には知識も経験も豊富な、とても優秀な学生」を「意識の高い学生」と呼んでいた経緯から始まります。当時は「意識の高い学生が集まるセミナー」などと銘打った就職活動イベントが多数開催されていました。

やがてmixiやTwitter、Facebookなどのソーシャル系サービスが若者に使われるようになると、「意識の高い学生」だと企業に思われると就職活動に有利だという噂が広まり、多くの学生が「意識の高い学生」の真似を始めていきました。

そのせいもあってか、2008年頃には単に目立ちたがりの学生の言動や行動を指して「意識の高い学生（笑）」と嘲笑する人も現れ、このころから徐々に悪い意味合いも含まれるようになっていきます。

もともと「意識高い系」とは大学生に向けて使う言葉でしたが、彼らが社会人になるにつれてビジネスパーソンや主婦などにもその対象が広がるようになります。2010年代には彼らを総称して「意識高い系」と呼ぶようになりました。

「意識高い系」とは、主に次の特徴を持つ人だと言われています。

1：自分を過剰に演出するが、「中身が伴っていない」
2：勉強会を開催し人脈作りに熱心だが、「成果が出ていない」
3：空回りしているのに、「自己顕示欲が強い」

ただし、自分を「意識高い系」だと捉えている人に、筆者は出会った経験がありません。
おそらく**「意識高い系」かどうかは、自分自身の評価ではなく、他人の評価**なのです。そもそも「意識高い系」の特徴を見ると、他人が批評できる内容でもなく、あくまで主観です。他人に向かって「意識高い系だ」と決めつけること自体、本来無理があるともいえます。

２０１２年に『「意識高い系」という病』（ベスト新書）という本を刊行された常見陽平さんも、２０１７年に『「意識高い系」の研究』（文春新書）を刊行された古谷経衡さんも、著書の中で「意識高い系」を定義されていますが、言うまでもなく、それらはお二人の考えであり、客観的で統一された基準などありません。

そのため実際には**「なんとなく気に入らない人」に雰囲気だけで「意識高い系」という烙印を押してしまっているケースが多い**のではないか、と感じています。

「意識高い系」と周囲から言われる人たちにも、批判を受けるなんらかの要素があるのだろうと思いますが、明確な定義もなく雰囲気だけで「意識高い系」と決めつけて批判しているとすれば、ある意味**「中世の魔女狩り」**と一緒だと思います。

■なぜ「意識高い系」はNewsPicksを使うのか

「意識高い系」はスタバにＭａｃＢｏｏｋＡｉｒを持ち込んで長時間作業する、インフルエンサーのオンラインサロン（月額会費制のＷｅｂ上で展開されるコミュニティ）に入会する等、その行動はしばしばネット上で嘲笑の対象にされがちです。

だったら、ドトールやルノアールで長時間作業をしている人は許されるのか、芸能人のファンクラブとオンラインサロンは何がどう違うのか等、疑問を呈したいところです。要は「意識高い系（笑）が使ってるやつでしょ」って言いたいだけで、深い考えがあってのことではないのでしょう。

「言いたいだけ」のダシにされがちな代表例として有名なのが**「NewsPicks（ニューズピックス）」**です。

「ＮｅｗｓＰｉｃｋｓ」は「経済を、もっとおもしろく。」をモットーに掲げるソーシャル経済メディアで、独自記事だけでなく、国内外の約90以上のメディアからピックアップした経済ニュースを読むことができるサイトです。基本的には無料で使えるのですが、課金すれば有償で提供されている記事を読めるようになります。

最大の特徴は、「プロピッカー」と呼ばれる各業界の著名人や有識者が「今読むべきニュースの記事」をピックアップし、記事に付けたコメントを読める点です。「プロピッカー」たちの付けるコメントはとても的確なものが多く、筆者も「なるほどなぁ」「そういう見方もある」と唸らされる機会が多いです。

さらに月額5000円のアカデミア会員にもなれば、有償記事だけでなくプロピッカーが登壇するイベントに参加できたり、毎月書籍が届いたりと、様々な特典の恩恵を受けられます。ちなみにこの「書籍」こそ、「箕輪本」の愛称で知られる幻冬舎と「NewsPicks」共同発行の「NewsPicks Book」です。

ただし、記事にはプロピッカー以外に匿名ピッカーもコメントを付けられるため、おそらくは「意識高い系」のユーザーのものと思われる〝上から目線〟な匿名コメントに腹が立った経験が筆者にはあります。きっとこうした背景から「意識高い系（笑）が使っている」とする印象ができあがっているのだろうと思います。

もっとも「NewsPicks」を「意識高い系だけが使っている」と見るには規模が大き過ぎます。

「ニューズピックス」を運営している親会社「ユーザベース」のIR資料によれば、2019年4Q時点での有料会員数は約15万人（無料会員数は数十倍の約400万人と言われている）、MRR（継続課金による月次収益）は1・7億円を数えます。つまり会員収入だけで年間20億円を稼ぐビジネスに成長しているのです。

さらに広告収入は２０１９年４Ｑに過去最高を記録し、２０１９年全体で41・9億円を叩き出す大ビジネスに成長、新型コロナウイルスによる景気悪化をものともせず、２０２０年は50億を突破する勢いです。有料会員15万人全員が「意識高い系」とはとても思えず、大半は「普通の人」なのが実情でしょう。

さて、ここからが本題なのですが、なぜ「ＮｅｗｓＰｉｃｋｓ」は「意識高い系（笑）が使ってるやつでしょ」と言われるのでしょうか。

実際は「意識高い系」が多いのではなく、**有料・無料のピッカーたちに「意識高い系」とラベルを貼れば満足する人たちが多いだけ**なのではないでしょうか。言い方を変えると、一括りに「意識高い系」と見なしがちにさせる何かの共通点があるのだと思います。

その鍵はおそらく「集団」に隠されています。

「意識高い系」の特徴として「やたらカタカナ語を使う」点がよく槍玉にあげられます。会議の資料は「アジェンダ」あるいは「レジュメ」、仕事を割り振るのは「アサイン」、他社に追いつくなら「キャッチアップ」、サービス開始は「ローンチ」など、複雑化する現代のビジネスにおいてはカタカナ語が飛び交っています。必要以上にこうしたカタカナ語を多用すると「ビジネス知識を鼻にかけている」といった印象を与えかねません。

　ちなみに、筆者が長い間従事しているマーケティング業界やベンチャー業界には、このようなカタカナ語がまさに必要以上に飛び交っています。決して間違ったビジネス用語ではないのですが、ＴＰＯをわきまえないと相手に違和感を与えるのもまた事実です。

　他の「意識高い系」の特徴として、勉強会を開催して人脈作りに余念がない点もよく槍玉にあげられます。ただし「勉強会」自体には何の罪もないどころか、勉強熱心なのはもっと褒められていいはずだと思います。

　問題の本質は、専門用語を使ったり、サークルを形成したり、**共通の言語や仕草を共有し仲間意識を抱きやすい反面、外部の集団には排他的になりがちな点**にあります。

　人間は何らかの集団に所属すると、他の集団に対して嫌悪的・差別的な態度を表す場合があります。こうした心理状況を「**内集団バイアス**」と呼びます。内集団とは、自分が所属している集団（会社や学校などの組織、クラブや交友関係などの集団、家族など）を指します。逆に、所属していない他の集団を外集団と呼びます。

5

【内集団バイアス】Ingroup bias

自分が属している集団には好意的な態度をとり、そうではない集団には反対の態度をとる傾向。「内集団びいき」とも呼びます。「地元が同じ」といった緩いものから、学閥・財閥グループなどの鉄の掟で結びついた集団まで範囲は様々。実際に存在する集団だけでなく、目に見えないレッテルのようなものも集団と感じれば内集団バイアスが発生する可能性はあります。

◉具体例

もっとも分かりやすい内集団は「ファン」です。阪神ファンが巨人ファンに対して「坊主憎けりゃ袈裟まで憎い」と言わんばかりに批判するのも、アンチ巨人で固まった内集団バイアスの影響です。度が過ぎると、特定の集団（国・人種など）に対する排外主義的行動にまで発展する可能性もあります。

内集団と自分自身が一体化すると、内集団＝自分、外集団＝他人と見なしてしまい、自分じゃない外集団を遠ざける傾向にあります。逆に、遠ざけられた外集団が、内集団を敬遠する傾向もあります。まさに内集団化したピッカーたちを、遠ざけられた外集団が「意識高い系」とレッテル貼りして溜飲を下げたい、という面もあるのではないでしょうか。

ただし、内集団化した人たちが何も悪くないかと言えば、そうでもありません。集団の考えを当然視しすぎてしまい、集団内で異論を持つ人を排除するような行動を取ったりすることがあります。全ての阪神ファンがアンチ巨人ファンでは無いように、同じ内集団であっても自分と同じ考えとは限らないのですが。

その結果、内集団から抜け出した人が「あそこは宗教みたいなもの」「同調圧力が気持ち悪かった」と批判するのです。そうすると外集団は余計に内集団をバカにします。「ＮｅｗｓＰｉｃｋｓ」が露骨に「意識高い系」と揶揄されるのは、まさに**こうした内集団と外集団の対立と、その対立を悪化させる内集団における勘違い**が原因ではないでしょうか。

実は筆者も有料会員だった時期があります。自分の記事が数百人以上にピックされ、嬉しく感じた経験もあります。ただ、「内集団」から寄せられた一方的な批判コメントに辟易したこともまた事実です。

自分もこう考えるのだから他人も（少なくとも同じ内集団なら）同じように考えるはずだと捉えるバイアスを**「偽の合意形成効果」**と言います。

6

【偽の合意効果】False consensus effect

自分と他人との間に共有されている「合意性（コンセンサス）」を過度に見積もり、同じ状況になれば、他人も自分と同じ選択や行動をするだろうと考える傾向。もし、自分と同じ選択や行動をしない他人に出会うと、その人が特別なのか変わった存在だと見なしてしまう。つまり、自分は「常識人」で、自分の常識に合致しない人は全て「非常識」だと「レッテル」を貼ってしまう。

◉具体例

スタンフォード大学の社会心理学者リー・ロスは、学生に対して「ジョーズで食べよう」と書いたポスターを背中に貼り付けて、大学中を練り歩くバイトをやるかどうか実験を行いました。
バイトを引き受けた学生たちは、62％の学生が同じように引き受けたと考え、バイトを断った学生たちは、67％の学生が同じように断ったと考えたそうです。引き受けた学生は断った学生を「臆病者」と考える傾向があり、断った学生は引き受けた学生を「変なやつ」と考える傾向にあったようです。

実際は「意識高い系」と「普通の人」に、ほとんど違いはないと考えています。様々なバイアスが重なって、ある状況では「普通の人」も、別の状況では「意識高い系」に見えるだけではないでしょうか。

■「承認欲求」自体は良くも悪くもない

筆者は「意識高い系、実はいない」説を提唱しており、特定の集団を勝手に「意識高い系」とラベル付けして盛り上がっているだけだと考えています。

広告会社ウォルター・トンプソン社は今から90年以上も前の1926年に**「モノを売るには言葉もまた売らなくてはならない。もっともそれ以上でなければならない。われわれは人生を売らなくてはならないのだ」**と語りました。

「意識高い系」も同じです。古今東西変わらない人間の欲求に、「意識が高い」という現代的な言葉を作ったおかげで、社会全体を巻き込む「ブーム」が発生したのではないでしょうか。そのブームにちゃっかりと乗っかって、ウォルター・トンプソン社が言う「人生・生き方を売る」ような仕組みを整えたからこそ意識高い系メディアとしての「ＮｅｗｓＰｉｃｋｓ」が大成功した、と筆者は考えています。

では「意識高い系」と同義の古今東西変わらない人間の欲求とは何でしょうか。

それは**「承認欲求」**です。「意識高い系」は、やたらと「承認」を求めます。

「食べ放題」の節でも紹介した通り、マズローは人間の欲求を5段階の階層で理論化しました。「承認欲求」は上から2番目に位置しており、詳しく分類すると**「他者から認められたい（他者承認欲求）」「自分を価値ある存在として認めたい（自己承認欲求）」**に分けられるそうですが、いずれにせよ最終的には「自己が確立する状態」を目指す欲求と言えるでしょう。

食欲などの生理欲求、安心や自由などの安全欲求と違って、承認欲求が満たす対象となるのは心です。他人や自分が認めたと心が満たされなければ、承認欲求は満たされません。特に他者承認欲求は厄介で、いくら他人と交流しても、相手が認めてくれなければ承認欲求は溜まる一方です。

「承認」を求めて、人間はとことん強欲に堕ちます。SNS上で「いいね」「フォロワー数」「再生回数」が欲しいと奇抜な行動に走るのも、承認欲求が起因の1つでしょう。

では、なぜ「意識高い系」は強く「承認」を求めるのでしょうか。これは**「ダニング＝クルーガー効果」**で説明できると筆者は考えます。

7

【ダニング＝クルーガー効果】Dunning-Kruger effect

能力の低い人物は自身の能力を過大評価する傾向にあり、逆に能力の高い人物は自身の能力を過小評価する傾向にあります。なぜなら能力が低い故に「不足」を認識できておらず、他者の能力もまた正確に推定できないからです。しかし訓練を積み実力が付き始めると、能力の欠落を認識できるようになります。

ちなみに、なぜこのような呼び方になったかと言うと、元になった研究を実施したのがコーネル大学のデイヴィッド・ダニングと、ジャスティン・クルーガーだからです。

◉具体例

学会で「勉強不足で申し訳ありませんが」「基本的な質問で恐縮ですが」と質問する老教授は、相手の無知をやり込めようとしているのではなく、単にダニング＝クルーガー効果にかかっている可能性が高いでしょう。ちなみにシェイクスピアは自分の作品で「愚か者は自身を賢者だと思い込むが、賢者は自身が愚か者であることを知っている」と語っています。

この項の冒頭に「意識高い系」は「中身が伴っていない」「成果が出ていない」「自己顕示欲が強い」特徴があると紹介しました。「ダニング＝クルーガー効果」を当てはめて考えると、意識高い系は**「実力が低いがゆえに、自分の能力を過大評価している」**と解釈できます。

ダニング＝クルーガー効果

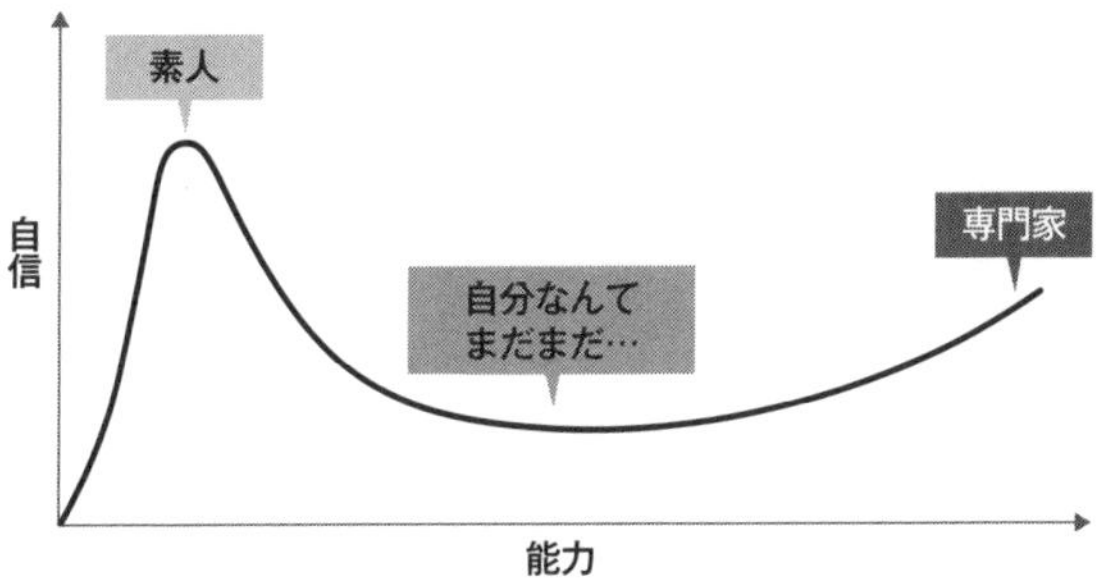

他者から認められたい、自分を価値ある存在として認めたいと努力する。でも能力（実力）と仕事がミスマッチを起こしていて、なかなか認められない。焦りが高じて、余計に空回りしてしまい、さらに承認欲求が肥大化してしまうのです。

「意識高い系」の人たちは大半が「実力不足」の状態にあり、どこかでそれを分かっているからこそ「一生懸命に勉強する」「人脈を作る」行動に移します。**実は真面目な人々の集まりなのではないでしょうか。**

「ＮｅｗｓＰｉｃｋｓ」の特徴は「プロピッカー」のコメントを読めて、アカデミア会員になれば各ジャンルの専門家と交流できることだと書きました。自分を過大評価している「意識高い系」にとって、「その道のプロ」と交流できる「ＮｅｗｓＰｉｃｋｓ」は、彼らの「承認欲求」を満たす格好の仕組みを備えていると言えるでしょう。

「NewsPicks」の大躍進の裏側には、こうした「承認欲求」という「魔物」をうまく利用した仕組みがあったと理解できます。

ただし、それが悪いとは筆者は思いません。

「承認欲求」は一種の煩悩で、度が過ぎれば「強欲」な振る舞いにもつながりかねない、人間の「悪」の一部とも言えます。しかし**「他人に認められたいという承認欲求」を持つことが悪いと思いません。**

むしろ、それをバネに努力を重ねて成功をつかむ人、尊敬を集める人がたくさんいます。

そもそも「承認欲求」を持たない人などいるでしょうか。家族に、友人に、職場に、コミュニティに認めて欲しいと考えるのは決して変ではないと思います。

「NewsPicks」を例にしても、「承認欲求」が多くの人々を熱狂させているのは事実です。**「承認欲求」を「いけないもの」だと否定するような商品・サービスよりも、「承認欲求」の存在を一定程度「承認」する「悪魔的」な商品・サービスのほうが、多くの人から支持されるのは間違いないでしょう。**

第2章

「怒り」が人を動かす

昔話 かちかち山

昔、畑を耕して生活している老夫婦がいました。畑には毎日、性悪なタヌキがやってきて、せっかくまいた種や芋をほじくり返して食べてしまっていたので、老夫婦は困っていました。

業を煮やしたお爺さんは罠をしかけて、ようやくタヌキを捕まえます。

お爺さんは、お婆さんにタヌキを狸汁にするように言って畑仕事に向かいました。

タヌキは「もう悪さはしない、家事を手伝う」と言ってお婆さんを騙し、縄を解かせて自由になったとたん、杵でお婆さんを撲殺してしまいました。

お爺さんは近くの山に住む仲良しのウサギに相談します。

「お婆さんの仇をとりたいが、自分ではあのタヌキにとてもかないそうにない」

事の顛末を聞いたウサギはタヌキ成敗に出かけました。

まず、ウサギはタヌキを柴刈りに誘いました。その帰り道、ウサギはタヌキの後ろを歩き、タヌキの背負った柴に火打ち石で火を付けます。

火打ち石の「かちかち」という音を不思議に思ったタヌキがウサギに尋ねると、ウサギは「ここはかちかち山だから、かちかち鳥が鳴いている」と言って騙します。

結果、タヌキは背中に大やけどを負うこととなりました。

後日、ウサギはタヌキに良く効く薬だと称してトウガラシ入りの味噌を渡しました。騙されてこれを塗ってしまったタヌキは、さらにひどい痛みに苦しみます。

タヌキのやけどが治ると、ウサギはタヌキを漁へと誘い出しました。

ウサギは木の船と、それに一回り大きな泥船を用意していました。

ウサギの予想通り、欲張りなタヌキは「たくさん魚を乗せられる」といって泥船を選びます。

沖へ出てしばらくすると泥船は溶け、沈みはじめました。

タヌキはウサギに助けを求めましたが、ウサギは逆に艪によってタヌキを沈め、そのまま溺れてタヌキは溺死。ウサギは見事にお婆さんの仇を討ったのでした。

勧善懲悪の昔話として知られる「かちかち山」。

地方によって差はあるようですが、室町時代の末期には現在語られている話がほぼ完成していたと考えられています。

それにしても、この話はタヌキを**「懲らしめ過ぎ」**な気がします。

もちろん何の罪もないお婆さんを撲殺してしまったタヌキは、殺人罪に問われて罪をつぐなうべきです。

ですが、そのタヌキに対する復讐行為は現代の法律やモラルにおいて、とても許されません。ウサギは重罪に問われるでしょうし、お爺さんもおそらく何らかの教唆犯に問われるのではないでしょうか。

実際「かちかち山」がメジャーになった江戸時代には、タヌキに対する同情の声が集まったので、タヌキを懲らしめるくだりを一部カットしていたと伝えられています。

しかしそもそもなぜ、「かちかち山」の話はこれほど長く読まれ続けているのでしょうか。

悪人はその報いを受けるべきという「目には目を」精神が見事に発揮されていることも関係があると思います。

実社会の法律やモラルでは悪人が憎かろうとも、報復をしてはいけません。ですが、**私たちは人間なので、腹立たしいものは腹立たしいし、時には仕返しをしないとどうにも気が済まないという時もあります。**

かちかち山にはそうした人間のダークサイドがある意味露骨に描かれているからこそ、何百年ものあいだ語り継がれているのでしょう。

怒り。それは人を突き動かします。

大人をイライラさせる「悪魔の少女」

■世界中がグレタに振り回されている

2018年8月20日、当時まだ15歳だった少女は学校の授業時間にも関わらず、スウェーデン議会の外に座って「気候のための学校のストライキ」と書かれた看板を、たった1人で掲げました。

少女は**「あなたがた大人が私の未来を台無しにしようとしているので、私はストライキをしています」**と書かれたリーフレットを配り、9月9日に開催される総選挙まで学校に出席しないと宣言しました。

少女の行動はソーシャルメディアによって直ぐさま世界中を駆け巡り、大きな話題となりました。

総選挙後、少女は「未来のための金曜日（Fridays For Future）」と題して、毎週金曜日に限って引き続きストライキを行うと宣言。世界中の学生に対して、ストライキに参加するよう呼び掛けました。

11月までに世界同時多発的にストライキが組織化され、オーストラリア、オーストリア、ベルギー、カナダ、オランダ、ドイツ、フィンランド、デンマーク、日本、スイス、英国、米国で実際に学生がデモを行いました。

オーストラリアのスコット・モリソン首相は**「ストライキの活動時間を減らして学校で学ぶ時間を増やすことを望む」**と発言しましたが、デモを沈静化するどころかむしろバッシングを浴びる始末でした。

世界中の学生を動かした少女の名前は、グレタ・トゥーンベリさん。彼女の怒りは世界中に伝播し、活動ぶりが評価されて、２０１９年のノーベル平和賞にノミネートされたほどです。

子供が学業を放棄し、デモに参加するというかつてない事態に、世界中の大人たちが右往左往しています。先ほどのスコット・モリソン首相の対応が好例でしょう。

ベルギーのフランドル地方で環境大臣を務めるスコーヴリーグ氏に至っては**「情報機関が、**

彼女に黒幕がいる証拠を掴んだ」と発信し陰謀論を展開しました。

すぐ情報機関自らが「そのような証拠はない」と声明を発表し、スコーヴリーグ氏はとうとう辞任に追い込まれました。

それ以外にも「イライラ」を表明した「大人」は枚挙にいとまがありません。

ロシアのプーチン大統領は**「現代の世界が複雑で多様であることを、誰もグレタに教えていない」**とコメント。EUのボレル外務・安全保障政策上級代表はデモに参加する若者を「グレタ症候群」と揶揄《やゆ》しました。

グレタさんがスペイン・マドリードで開催されていた国連の気候変動枠組み条約会議の帰途、自身が車内の地べたに座って「超満員列車でドイツを移動中」とSNSに投稿したところ、当のドイツ鉄道から「1等車であなたをおもてなししたフレンドリーで有能な弊社スタッフについても触れていただけたら良かったです」と反論されました。要は**「お前は混雑した車内じゃなくて、ちゃんと座って帰れただろ」**と暴露されたのです。

SNS等を通じて発信力があるとはいえ、まだ10代の若者に過ぎないグレタさんに対してプーチン大統領ら「大人」たちの批判ぶりは、さすがに大人げない気もします。

どうやら大人を苛立たせる「何か」をグレタさんは持っているようです。

確かに、グレタさんは激しい言葉遣いで一刻も早く行動しろと大人たちを批判します。

２０１９年9月23日に、ニューヨークで行なわれた国連気候行動サミットに出席したグレタさんは**「よくもそんなことができますね（How dare you!）」**という台詞を４回も連呼しました。

目に涙を浮かべながら怒りで声を震わせ、眉を吊り上げ、おでこにシワを寄せ、人々を見下すような彼女の態度に、生理的嫌悪感を抱く人も中にはいるかもしれません。

しかしグレタさんの発言を注意深く読み解いてみると、実はそれほど急進的な環境政策を訴えてはおらず、**「科学者の声に耳を傾けるべきだ」**と主張しているだけだと分かります。

国連気候行動サミットに参加するため、グレタさんが大西洋をカーボンニュートラルヨットで横断した際も、ヨットの帆には「Unite Behind the Science（科学に基づいて団結する）」とメッセージが掲げられていました。

彼女は感情的な主張をしているのではなく、科学的な主張をしているのです。

なのになぜ、大人の世界はグレタさんに反発するのでしょうか。

■「都合のいい結論」に大人は飛びつく

このまま温暖化が進むと、何が起こるでしょうか。国際連動環境計画と世界気象機関が共同で設立したIPCC（気候変動に関する政府間パネル）は、2018年に発表した特別報告書において次のようにまとめています。

・世界の平均気温は、産業化以前に比べて1・0℃上昇している。このままのペースで気温が上昇し続けると、2040年前後には1・5℃に達する。
・海面水位の上昇、生態系の破壊、食料や水資源など気候変動の悪影響は計り知れない。
・温暖化を1・5℃以内に抑えるには、世界全体の人為的な二酸化炭素排出量を2030年までに2010年と比較して約45％減少、2050年頃には約100％減少しなければならない。

グレタさんはIPCC報告書を念頭に置きつつ、**10年後の2030年に排出量を半分にできる可能性が、たった50％しかない点に対して猛烈に怒っています。**

　このまま対策をとらなければ、いずれ温暖化の進行が臨界点を超えてしまい、地球がまるで温室のようになってしまう「ホットハウス・アース」状態に陥ってしまうと彼女は指摘し、その可能性を恐れていると言っています。

　ただし現在の科学において、仮に10年後の約束が守られず平均気温の上昇が１・５℃を超えても、本当に「ホットハウス・アース」への臨界点を超えるかどうかは分かりません。それゆえグレタさんの行動を「過剰反応」だとする見方もあるようです。

　科学的な研究によると今後温暖化が「最悪のシナリオ」をたどる場合、最短で10年後には地球環境は非常に危険な状態に陥るリスクがあるとも言われているので、グレタさんの発言がまったく非科学的だということではありません。

　つまり、将来に対して「確からしい結論」は導けておらず、ある有識者がAと言えば、違う有識者はBと言うような状態です。

　そもそも、地球は本当に温暖化しているのでしょうか。

　気象庁が作成した「世界の平均気温の推移」（１９８１年～２０１０年の30年分の平均との差分で表現）を見ると、この約１３０年の間に北半球も南半球も０・７～０・９℃ほど平均気温が上昇しています。

世界の平均気温の推移

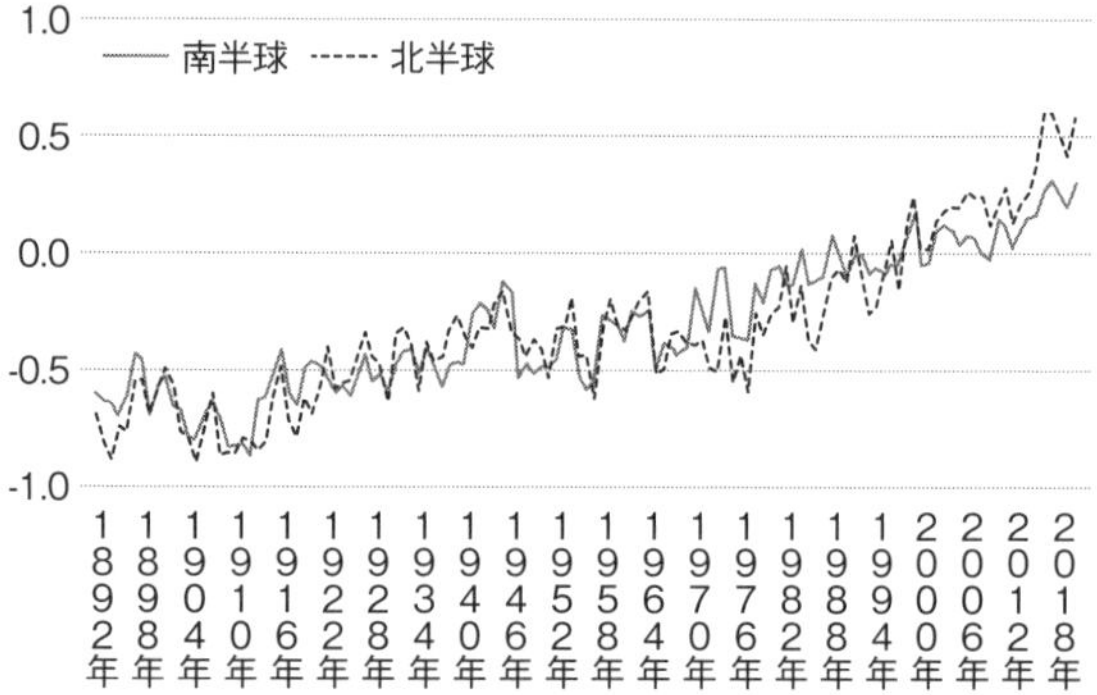

出典：気象庁

日本の平均気温の推移

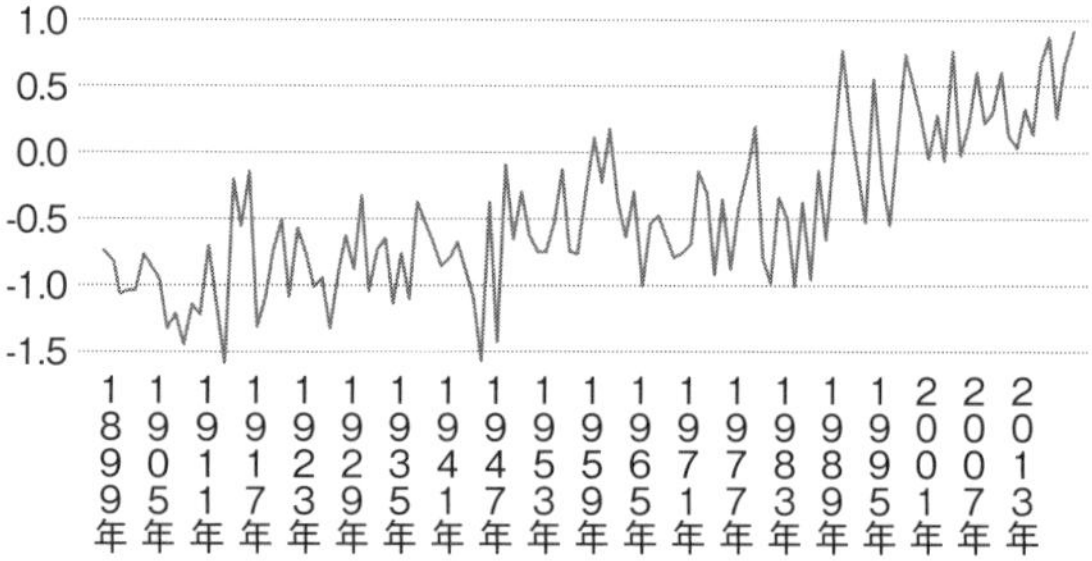

出典：気象庁

中でも「日本の平均気温の推移」（1981年〜2010年の30年分の平均との差分で表現）は世界より温暖化が進んでいて、約120年の間に1・5℃も上昇しています。

少なくともこうしたデータを見れば「温暖化現象」の存在自体は明確です。

一方、世界には「温暖化懐疑論者」が一定数存在しています。

特に温暖化現象の「因果関係」は、とりわけ懐疑派からしばしば攻撃されている点です。二酸化炭素が地球温暖化をもたらすというならその証拠を出せ、地球温暖化が異常気象をもたらしているならそれを証明せよ、というわけです。

■人は「信じたいこと」を信じる

地球温暖化論者が提示する説とデータがすべて真実であるとは限りませんが、少なくとも地球が一定程度温暖化しているのは「データ」を見る限り、明らかな事実ではないかと思います。

それでもなお、「地球は温暖化していない」「地球温暖化は陰謀だ」という説を唱える人が後を絶たないのは、一体なぜなのでしょうか。

それを理解する鍵は**「正常性バイアス」**ではないかと思います。

8

【正常性バイアス】Normalcy bias

なんらかの被害が予想される状況に陥っても、正常な日常生活の枠組みの中で解釈してしまい、事実を認めず、都合の悪い情報を無視する傾向。人間は自分の知識にしがみついて「まだ大丈夫」だとリスクを過小評価してしまいがち。

◉具体例

1982年7月23日から翌24日にかけて長崎県長崎市で発生した集中豪雨は、1時間187ミリもの雨量を観測しました。

23日午後5時前には洪水警報が出たものの、連日の大雨の影響で「またか」程度に受け止められてしまいました。その影響もあって、午後9時を過ぎても避難した住人はわずか13%ほど。危険地域住民の大半が避難しなかったため、大勢が土砂災害等に巻き込まれてしまいました。死者・行方不明者は２９９名を数えましたが、うち２６２名が土石流や崖崩れに巻き込まれた方々だったそうです。避難しなかった人々は後の聞き取り調査で「家にいても大丈夫だろうと思った」「しばらく様子を見ようと思った」と語っています。

私たちが何かを「本当だ」と信じるためには、次の３つの要素が必要だと言われています。１つ目は「専門家」が詳しく解説する。２つ目は「具体的なデータ」を証拠として提示する。３つ目はメディア等で「報道されて広く真実である」と認知される。

逆にこれらを逆手にとって、**悪意を持った専門家がデータを偽造してメディアに登場する、**といった方法で嘘を真実として広められるのです。

２００７年１月７日、関西テレビ「発掘！あるある大事典Ⅱ」が納豆によるダイエット効果を取り上げましたが、実は番組制作者が専門家の解説を恣意的に捻じ曲げ、データも偽装していたと発覚しました。

しかしこの件が明るみに出るまで、多くの消費者は放送されたダイエット効果を「真実」

だと受け止めました。納豆が売り切れるスーパーが続出し、一時は納豆の入荷時期さえ未定になるほどの大混乱が発生しました。

「正常性バイアス」は、そうした人間の「騙されやすさ」「非合理性」の一例として有名なものです。人々の「不安から逃れたい」と考える「人間の弱さ」が、合理的な判断をゆがめている典型的な例と言えるでしょう。

地球温暖化も同様で、いくらＩＰＣＣを中心に科学者が「地球に危機が迫っている」と主張しても、「危機が迫っていることへの不安から逃れたい」と考えるのが人間の本能ですので、「地球温暖化など起きていない」「地球温暖化は陰謀だ」と「正常性バイアス」の影響を受けた意見にたやすく同調してしまうのです。

ゆえに、データに基づく科学的な議論が必ず勝つとは限らないのです。

■大人はなぜ「正論」に怒るのか

しかし、グレタさんの「怒り」によって地球温暖化をめぐる論調は大きく変わりました。

グレタさんが怒りを表すたびに、彼女には「実現不可能な正論に過ぎない」という批判が向けられます。

グレタさんへの反応を見れば一目瞭然ですが、**世の中には「正論」を振りかざすと「怒る」大人がたくさんいます。**

そういう大人は地球温暖化以外の問題について、例えば「残業を減らして生産性を高めよう」とか「高齢世代の賃金が変わっていないにもかかわらず氷河期世代の賃金が下がっている」といった「正論」を目にすると、その「正論」がデータによって裏付けられていても、頭から疑ってかかったり、時には感情的に否定したりするのです。

なぜ人は「正論」が苦手なのでしょうか。

ひとつには**「ナイーブ・シニシズム」**と呼ばれるバイアスの影響ではないかと思います。

9

【ナイーブ・シニシズム】Naive cynicism

自分より相手の方が自己中心的だと考えてしまう傾向。「人間とは自己中心的な生き物である」という見方自体は「シニカル（皮肉、冷笑的）」なので、「シニシズム

（冷笑主義）」と呼ばれています。

◉具体例

自分と他人が共同で作業をして、それがうまくいった場合と、うまくいかなかった場合の貢献と責任について考えます。

うまくいった場合、自分は貢献量を公平に評価しているが、他人は貢献量を自分より高く評価しているのではないかと考えます。逆にうまくいかなかった場合、自分は責任度を大きく見積もっているが、他人は責任度を自分より低く見積もっているのではないかと考えます。

いずれにせよ、自分と違って他人は自分に甘い採点をつけがちだと考えるのです。

すなわち、「自分は相手の意見を理解するように努力している」のに「相手は自分の意見を理解する努力を怠り、（たとえ正論であろうとも）好き勝手な意見を言っている」ように見えるのです。正論を言われるほど「好き勝手を言うな」と思うのです。

正論で世の中が動くわけねーだろ、言うだけだったら誰でも言えるんだよ、現実見ろよ、みたいな意見をよく目にしますが、こうした意見自体がまさに「シニシズム」です。

もちろん「シニシズム」は100%悪いかといえばそうではなく、「みんなの合意を取るには妥協も必要だ」という現実路線の考え方はとても重要です。

この**「ナイーブ・シニシズム」**に加えて、**「心理的リアクタンス」**も、大人たちがグレタさんに憤る「仕組み」のひとつではないかと思います。

10

【心理的リアクタンス】Psychological Reactance

選択する自由を奪われて、他人から強制されると、例えそれが良い提案であっても反発・反抗してしまう傾向。

◉具体例

漫画を読み終わったら勉強をしようと思っていたのに、親から「勉強しなさい!」

と強制されて一気にやる気を失ってしまった。仕事をする順番を決めていたのに、上司から「こっちの仕事はどうなっているんだ！」と叱られて一気にやる気を失ってしまった。

グレタさんに憤る大人の中にも「地球温暖化への対策を進めるべきだ」と思っている人がいるかもしれないのですが、**グレタさんから強い口調で「温暖化対策をしなさい！」と「強制」されると、多くの人が「反発」してしまうのではないでしょうか。**

しかし、それはそれで良かったと筆者は考えています。

グレタさんの登場で世界が分断されたと悲しむ識者もいるようですが、彼女のおかげで地球温暖化対策の議論の構図が明確になったことは間違いありません。地球温暖化対策が必要だと考える人たちも増えました。それは間違いなくグレタさんの功績です。

これまで何十年も変わらなかった**世界を変えたのは、「冷静」な議論よりも、「怒り」という「悪魔的感情」の力**だったのです。

「間違ったジャッジ」に熱狂する人々

■「M－1グランプリ」はなぜ「炎上」したのか

毎年冬、若手漫才師のためのコンクール「M－1グランプリ」が開催されています。

2001年に始まって以降、途中4年間の中断期間がありましたが、年を重ねるごとに「M－1グランプリ」の認知度が高まってきています。

優勝者はバラエティ番組を中心にテレビで引っ張りダコとなる人気芸人の座を駆け上がりますが、その一方で「M－1で2位だった芸人の方が長く活躍している」とも言われるなど、「ヒットの法則」もまことしやかに囁かれています。

色々な角度から様々な人々に影響を与える巨大なイベントであるのは間違いありません。

平成最後の大会となった2018年大会では、お笑いコンビ「霜降り明星」が平成生まれとして初の優勝を最年少で獲得し、新時代の到来とスターの世代交代を強く印象付けました。今では「霜降り明星」や「EXIT」、「四千頭身」といった若手芸人を「お笑い第7世代」と呼ぶバラエティ番組もあるほど、2018年大会は節目の年となりました。

さらにその翌年、令和最初の大会となった2019年大会はお笑いコンビ「ミルクボーイ」が歴代最高得点を記録して優勝しました。

彼らの漫才には「分かりやすさ」と「誰もが言い換えて真似できる使い勝手の良いフォーマット」があったので、SNSに彼らのネタをもじって投稿するのが大流行しました。

こうした表の華やかさとは裏腹に、近年の「M-1グランプリ」では「場外バトル」も話題になりました。いやむしろ、お笑いに興味がない人には場外バトルのほうが記憶に残っているかもしれないほどの「大炎上事件」に発展しました。

2018年大会の直後、決勝のファーストラウンドで敗退した「スーパーマラドーナ」の武智さんが、「とろサーモン」の久保田さんと共にInstagramの生配信で、次のように発言したことが大きな話題になりました。

「審査員の皆さん、もう自分の感情だけで審査するのやめてください。１点で人の人生変わるんで、理解してください」

「右のおばはんや、右のおばはんにはみんなうんざりっすよ」

「嫌いですって言われたら、更年期障害かと思いますよね」


これらの発言は暗に上沼恵美子さんを揶揄《やゆ》したものと捉えられ、２人はすぐ謝罪します。

しかしながらしばらくの間、優勝した「霜降り明星」がかすむほど、この「暴言問題」ばかりが繰り返し報道されるという事態に発展しました。

２０１９年大会で再び審査員を務めた上沼恵美子さんは、この２０１８年の「暴言問題」を踏まえて「更年期障害を乗り越えました」と皮肉まじりに発言、オチをつける余裕すら見せましたが、ＳＮＳ上では上沼さんのコメントに対する批判がやはり寄せられました。

２０１８年大会と２０１９年大会における上沼さんの採点とコメントのうちＳＮＳにおいて大きな反響があったものを次にあげてみます。


「(ミキの) ファンだな。ギャロップの自虐と違って突き抜けてる」（２０１８年）↓ミキに対して98点（10組中1位という高評価）、ギャロップに対して89点（10組中同点5位）をつけた際のコメント。

「ジャルジャルはファンなんですが、ネタは嫌いや」（2018年）↓ジャルジャルに対して88点（10組中同点7位）をつけた際のコメント。

「（トム・ブラウンの漫才に対して）未来のお笑いって感じかな。私は歳だからついていけないいや」（2018年）↓トム・ブラウンに対して86点（10組中9位）をつけた際のコメント。

「（和牛に対して）このステージは僕のもの、リサイタル、何のコンテストでも緊張感も何にもない、そういうぞんざいなものを感じました。からし蓮根には初々しいものを感じ、ほんと笑っちゃったし、この必死さ、てっぺんを取ろうという、チャンピオンを取ろうというこの必死さ！」（2019年）↓和牛に対して92点（10組中同点8位）。からし蓮根に対して94点（10組中同点4位）をつけた際のコメント。

こうした上沼さんの率直な物言いが一部のファンから「傍若無人」と受け止められ、さらに**「客観的な審査基準と無関係に、お気に入りの芸人に加点して、嫌いな芸人は減点しているのではないか」**という疑いを招き、SNS上で上沼さんを批判する投稿が激増したのです。

■上沼恵美子の審査は本当に偏っていたのか

上沼さんは本当に「好き嫌い」で点数をつけたのかをデータを用いて検証してみたいと思います。もし上沼さんが**「審査基準とは別に独断と偏見で採点していた」**なら、他の審査員とは違う採点傾向を示しているはずです。

改めて、2018年と2019年の得点を振り返ってみましょう。まずは2018年です。全体的に90点以上の高得点が目立ちます。特に、中川家礼二さんは最低得点として「ギャロップ」に90点、最高得点として「霜降り明星」に96点と、全員に90点以上をつけていると分かります。

一方で上沼さんは最低得点として「ゆにばーす」に84点、最高得点としてミキと和牛に98点と採点しました。その差は14点もありますから、好き嫌いが激しく独断と偏見で採点しているようにも見えます。

しかし立川志らく師匠も同じく14点差（最低が「見取り図」につけた85点、最高が「ジャルジャル」につけた99点）、松本人志さんも14点差（最低が「ゆにばーす」につけた80点、最高が「霜降り明星」につけた94点）です。

さらにナイツ塙さんの16点差（最低が「ゆにばーす」につけた82点、最高が「霜降り明星」につけた98点）もあります。

こうなると、**採点の振れ幅が大きいか小さいかはあまり意味を持たない**ように思います。

得点を図で表現してみます。左から右に向かって総得点が高い順に並んでいます。審査員の得点は白丸で表現しました。上沼さんの得点のみ黒丸で表現しています。

「和牛」「ミキ」に対して、他メンバーよりは若干高めに採点していると分かります。しかし、少なくとも全体の順位に大きな影響があるほどの偏りはなさそうです。

次に２０１９年を振り返ってみます。

２組目に「かまいたち」、続けて３組目に「和牛」が登場した影響もあるのか、箍《たが》が外れてしまったかのように全体的に高得点が続いています。

上沼さんは２０１８年の中川家礼二さんと同じように全員に90点以上をつけています。

2018年「M-1グランプリ」の得点

演者	巨人	礼二	塙	志らく	富澤	松本	上沼
見取り図	88	91	85	85	86	83	88
スーパーマラドーナ	87	90	89	88	89	85	89
かまいたち	89	92	92	88	91	90	94
ジャルジャル	93	93	93	99	90	92	88
ギャロップ	87	90	89	86	87	86	89
ゆにばーす	84	91	82	87	86	80	84
ミキ	90	93	90	89	90	88	98
トム・ブラウン	87	90	93	97	89	91	86
霜降り明星	93	96	98	93	91	94	97
和牛	92	94	94	93	92	93	98

2018年「M−1グランプリ」の得点（散布図）

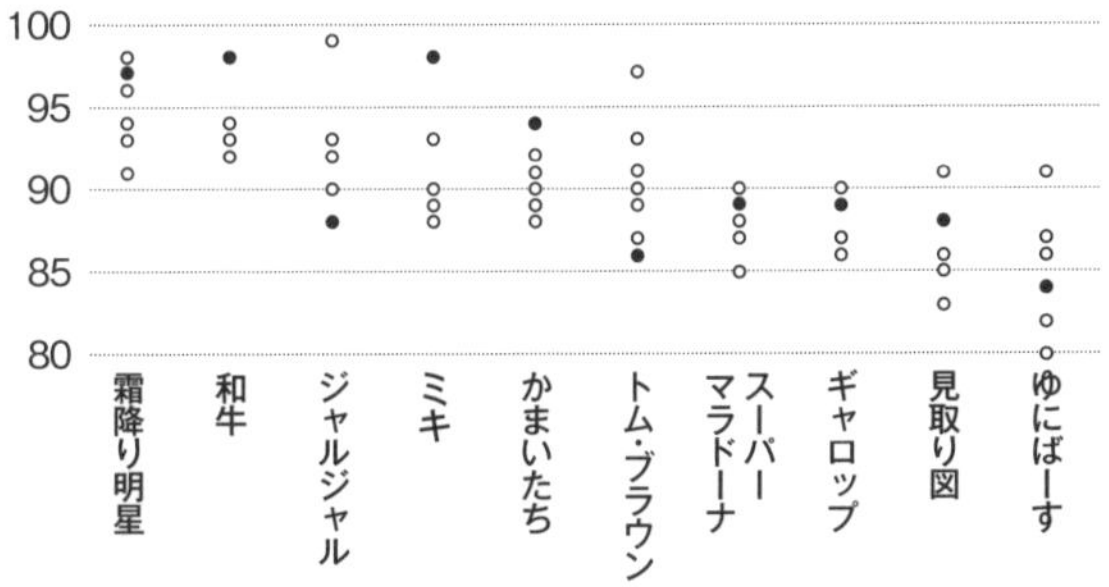

霜降り明星	和牛	ジャルジャル	ミキ	かまいたち	トム・ブラウン	スーパーマラドーナ	ギャロップ	見取り図	ゆにばーす
662	656	648	638	636	633	617	614	606	594

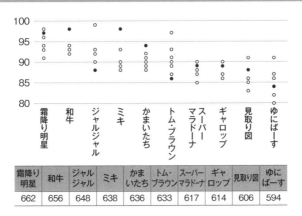

2019年「M−1グランプリ」の得点

演者	巨人	塙	志らく	富澤	礼二	松本	上沼
ニューヨーク	87	91	90	88	88	82	90
かまいたち	93	95	95	93	94	95	95
和牛	92	96	96	91	93	92	92
すゑひろがりず	92	91	92	90	91	89	92
からし蓮根	93	90	89	90	93	90	94
見取り図	94	92	94	91	93	91	94
ミルクボーイ	97	99	97	97	96	97	98
オズワルド	91	89	89	91	94	90	94
インディアンス	92	89	87	90	92	88	94
ぺこぱ	93	94	91	94	92	94	96

2019年「M−1グランプリ」の得点（散布図）

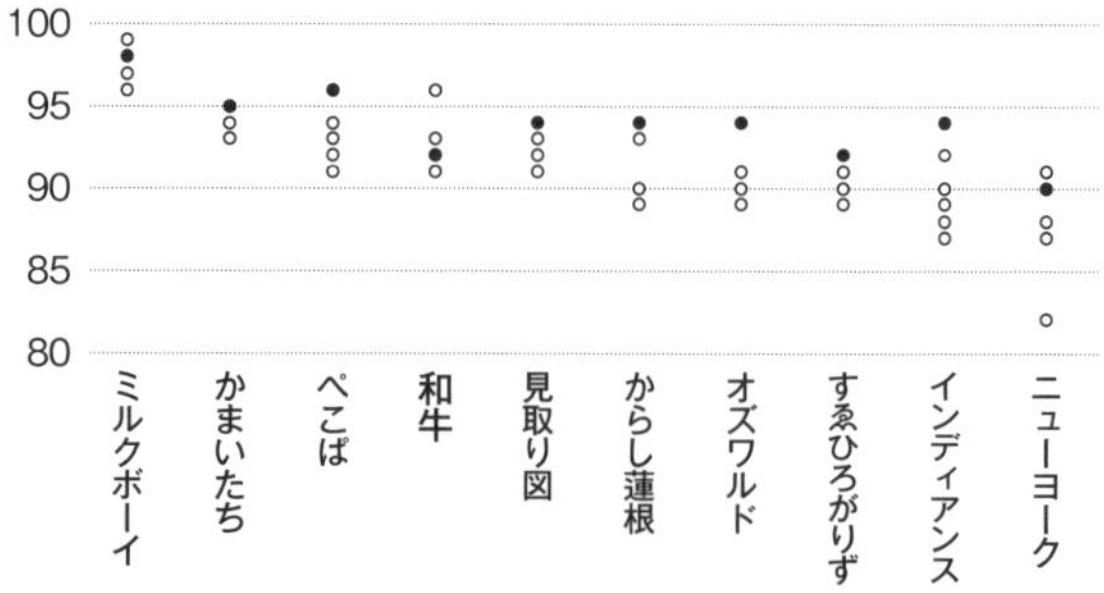

ミルクボーイ	かまいたち	ぺこぱ	和牛	見取り図	からし蓮根	オズワルド	すゑひろがりず	インディアンス	ニューヨーク
681	660	654	652	649	639	638	637	632	616

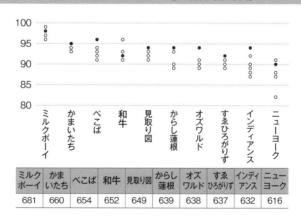

2019年「M−1グランプリ」3位「ぺこぱ」4位「和牛」の総得点

演者	巨人	塙	志らく	富澤	礼二	松本	上沼	総計
和牛	92	96	96	91	93	92	92	652
ぺこぱ	93	94	91	94	92	94	96	654

最低点と最高点の差は上沼さんが8点差、志らく師匠とナイツ塙さんが10点差、松本人志さんだけが15点差ついています。

2018年同様に、得点を図で表してみました。同じく、左から右に向かって総得点が高い順に並んでいます。審査員の得点は点で表現しました。上沼さんの得点のみ赤く表現しています。

ちなみに3位の「ぺこぱ」は654点、4位の「和牛」は652点と、その差は2点でした。

接戦だったため、**「もし上沼さんが正しく採点していたら、違う結果になった」**と考えたファンも多かったと思われます。

次に、主成分分析と呼ばれる統計学の手法で分析してみます。どのような方法なのかものすごく端的に説明すると、**7人の審査員の得点をそのまま見るのではなく、似た者同士を圧縮して2~3列（人）分に表現する手法**です。

2018年と2019年の結果を2軸で表現できました。

横軸は総得点、縦軸は7人の審査員の「独自性」だと考えてください。

面白いことに、2018年も2019年も上沼さんと志らく師匠が両極端の位置につけています。この結果から、**上沼さんと志らく師匠の採点は残り5人の審査員と比べて独自性の高い採点をしている**とわかります。

確かに志らく師匠の採点を詳しくみてみると、2018年には全体3位だったジャルジャルに99点、全体6位だったトム・ブラウンに97点、2019年には全体4位だった和牛に96点をつけるなど、総合順位が振るわなかった芸人にも高評価をつける傾向が見られます。

そう言えばジャルジャルに99点をつけた志らく師匠が**「1つも笑えなかったんですが面白かった」**と発言して批判されましたが、この発言からも志らく師匠も独特な採点傾向を持っていることが読み取れるように思います。

つまり「独自性」というか、**オリジナリティあふれる審査をしていたのは、なにも上沼さんに限った話ではなかった**のです。ましてや得点幅からもわかる通り、メリハリをつけていたのは上沼さんだけではありません。

しかし一般の人々をはじめ、「スーパーマラドーナ」の武智さん、「とろサーモン」の久保田さんも上沼さん「だけ」を「好みで採点している」と思いこんでしまいました。

2018年「M−1グランプリ」の審査傾向（主成分分析）

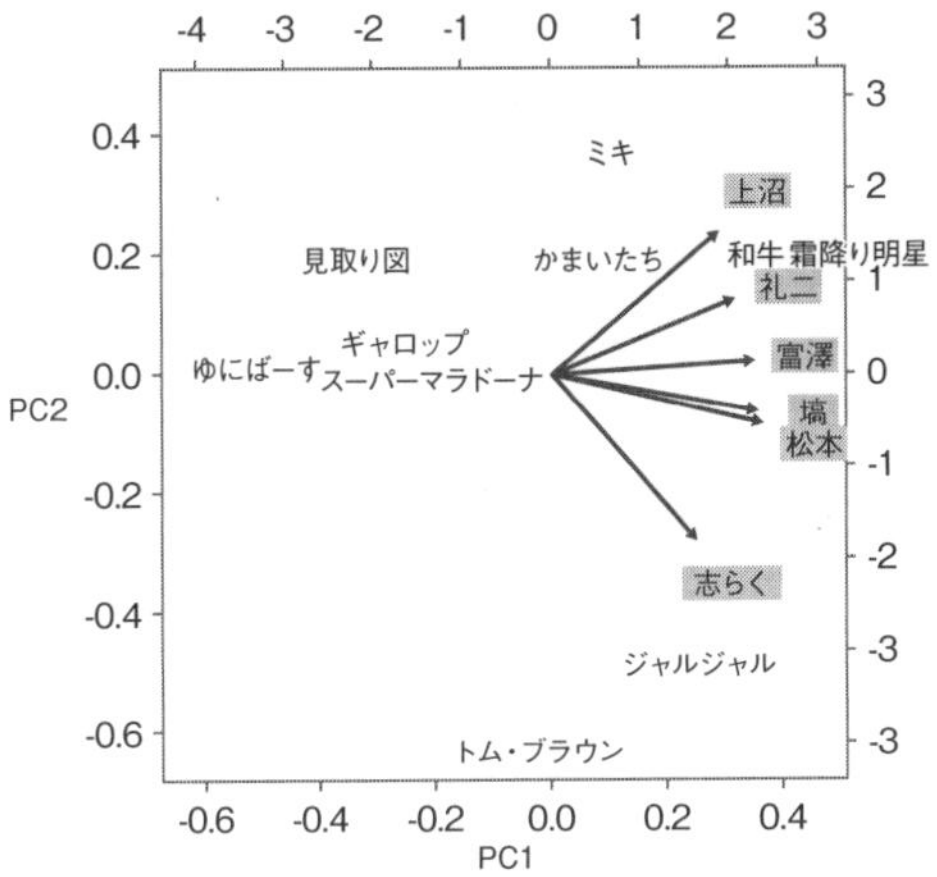

2019年「M−1グランプリ」の審査傾向（主成分分析）

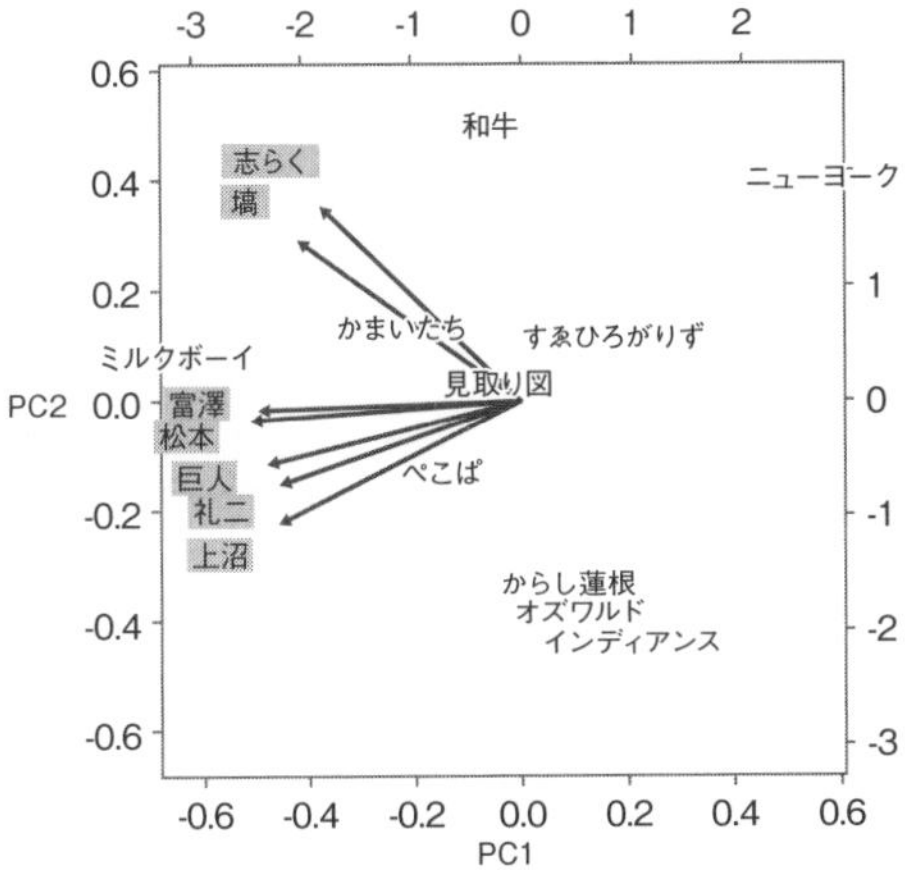

なぜ人々はそうした判断をしてしまったのでしょうか。

■大炎上を引き起こす「悪魔のレッテル貼り」

プロセスを検証せず、結論だけを聞いて判断する傾向を**「結果バイアス」**と呼んでいます。

11

【結果バイアス】Outcome bias

ことわざの「終わりよければ全て良し」の通り、結果が出るまでの途中のプロセスより、結果のみで判断してしまう傾向。結果を見て、因果関係のストーリーをあとから「創作」する場合もある。

◉具体例

ビジネスの世界において、勝率の限りなく低いギャンブルに勝利した経営者は、「先見の明がある」とされ、「大き過ぎるリスクを取ったこと」は批判されない。逆に、挑戦しなかったために利益を得られなかった経営者は「慎重に行動した」と賞賛されるより、「凡庸で臆病な経営者」だと批判されがちである。

採点結果を少し調べてみれば、上沼さんが本当に好き嫌いで採点をしたかどうかすぐわかったはずですが、多くの人はＳＮＳで広まった「結論」に飛びついてしまい、それが正しいかどうかを疑ってみようとはしなかったのです。

そもそも人は自分にとって都合の良い情報だけを見て、判断しがちです。こうした傾向を**「確証バイアス」**と呼びます。

12

【確証バイアス】Confirmation bias

自分の仮説を支持する情報ばかり集めて、仮説に反する情報を無視する傾向。自分の見方が正しいと思いたいがために、自分の考えを捕捉してくれる情報を求め、書籍や雑誌、ＷＥＢ情報ばかり目を通す。逆に、違う見方は「自分を否定するもの」として遠ざけてしまう。

◉具体例

「オレオレ詐欺」の電話がかかってきた高齢者は、かかってきた電話の声や話の内容から「自分の記憶の中からそれっぽい話を思い出し」て「確信」し、「詐欺だから お金を振り込んではいけない」という周囲の意見を無視してしまう。自分の応援しているアイドル、またはインフルエンサーがネット上で炎上していると、そんなはずは無いと擁護し、それが火に油を注いでしまう。

そもそも上沼さんが「好き嫌いで採点している」かどうか、本人の心を読みでもしなければ証明するなんてできないはずです。なのに、**「自分の仮説を正しいと思い込み」「仮説が間違っている可能性を調べることもなく」**人々は上沼さんに**「採点が暴走している」**というレッテル貼りをしていたのです。

上沼さん自身はこうしたレッテル貼りと、それにもとづく批判に根拠がない点をなんとなく察知されていたのでしょう。自身への批判には一切コメントをしませんでしたが、2019年大会でも特に審査のスタンスを変えませんでした。批判にめげるどころか大会途中で自分のCDを宣伝するほどの絶「口」調ぶりで、芸人としての格の違いを見せつけていました。

まるで自分への批判をいなすかのような上沼さんの振る舞いは、長い芸歴に由来するテクニックなのでしょうが、さすがとしか言いようがありません。

根拠がない批判に反論しても、論破すべき論点は何1つとしてありませんので、無実の証明に役立たないどころか、逆に**「反論したとする事実」がまた批判されるだけ**です。「言いがかり」のような批判については相手にしないか、あるいは自分を批判した相手にも「懐が深い」対応をしたほうが「格の違い」を感じさせます。

ただし、**「炎上マーケティング」をするなら別**です。

ある商品を販促したい場合に、一番避けなければならないのは「消費者からもメディアからも黙殺される」ことですので、**「無視されるくらいならいっそ狙って炎上させて、一挙に知名度を高めよう」**と考える人がいます。そのために、あえて物議をかもすような態度を取り、マスコミやWEBメディアに取り上げられるよう仕向けるのです。

それが確証バイアスだろうとも、分かっていて炎上させる魂胆は「悪名は無名に勝る」からです。もし、上沼恵美子さんが早々に反論したり、2019年の審査スタイルを変えてきたりしたらあえて「炎上」させようとしているな、と私は捉えたでしょう。

否定されるような手法ではありませんが、みんなが歓迎する手法でもありません。食品や医薬品などの「好感度」が重要な商品にはあまり向かない手法です。ただし**「コアなファンさえ獲得できればいい」コンテンツやイベントのプロモーションとしては、かなり有効**です。

舞台裏を覗くと、こうしたマーケティング施策が普通に行われているのが現状です。「熱狂」を生むためには決して無視はできない**「炎上商法」ですが、最近では露骨な炎上狙いのコンテンツがコンプライアンス違反に問われて、本末転倒な結果に終わるような事例も多々あります**ので、筆者としてはあまり直接おすすめする気にはなれません。

ただし、人がなぜ「炎上」に向かうのかという「悪魔的な心理」を知っているのは、ブームを作っていくためにはきわめて重要かと考えて、最後に紹介しました。

それにしても、視聴者から批判されるリスクも想定しなければならないのですから、ジャッジとは本当に大変な仕事だと思います。

「男女差別」という究極のバズワード

■「女子だけ一律減点」は必要悪なのか

２０１８年７月、文部科学省による私立大学支援事業の対象に東京医科大学を選定する見返りに、自分の子供を不正に合格させたとして、文部科学省科学技術・学術政策局の局長が逮捕される事件が起きました。

事件はこの「裏口入学問題」にとどまらず、思わぬ方向へと急展開します。

２０１８年８月、東京医科大学は**「入試において女子を一律で減点していた」**と認めました。２０１０年に医学部医学科の一般入試における合格者数の４割弱を女子が占めたため、「女子は３割以内におさえるべきだ」と学校側が判断、翌年から男子を成績上で優遇する措

聖マリアンナ医科大学入試の得点調整

配点	現浪区分	男性	女性	男女点数差
180点	現役	164点	84点	80点
	1浪	144点	64点	80点
	2浪	104点	24点	80点
	3浪	80点	0点	80点
	4浪以上	56点	-24点	80点
	その他	0点	-80点	80点

出典：文部科学省

置が取られていたのです。

性別を理由に不当に点数を操作していたという、にわかには信じがたい内容でした。

文部科学省がすぐさま全国の大学を調査したところ、計10の大学において不適切な得点調整が行われていたと明らかになりました。

そのうちの1つである聖マリアンナ医科大学では、女性だけでなく浪人回数の多い受験生の点数が一律で減点されていました。

学科試験の合計が400点満点に対して、女性と浪人回数の多い学生では最大で244点もの差がついていたそうです。この得点調整は明らかに不公正です。

予備校業界では**「医学部は小論文や面接で若い男子学生を優遇している」**なんて話は暗黙の了解となっていたそうですが、まさか学科試験でも一律で減点措置を施していたとは、関係者でさえ想定外だったようです。

しかし当事者である医師の反応をみると、医学部入試における差別は「やむを得ない」という見解が意外なほど多くみられました。

医師人材マッチングサービスなどを手がけるエムステージ（本社・東京都品川区）の医師へのアンケート調査結果（有効回答数：男女医師１０３人）によると、「東京医大の女子一律減点」に「理解できる」「ある程度理解できる」と答えた医師は合わせて65％でした。

なぜ医師たちが、女子一律減点に「理解できる」と答えたのでしょうか。

その唯一最大の理由として「女性医師の離職問題」があげられました。

女性医師が結婚ののち出産、育児対応が必要になると、他の職業と同様に産休・育休を取って一定期間、仕事を休む必要があります。産休・育休という立派な理由があっても、貴重な医師が現場を離れてしまうと現場人員や業務フローに大きな混乱が生じてしまいます。

他の職業でも基本的には同じとはいえ、医師という国家資格保有者の人数には限りがありますので、転職市場から簡単に欠員補充をするのも難しいのが現状です。

こうした事情から、女性医師を敬遠する考え方が医療現場に一定数存在していると明らかになったとも言えます。

医籍登録後年数別就業率

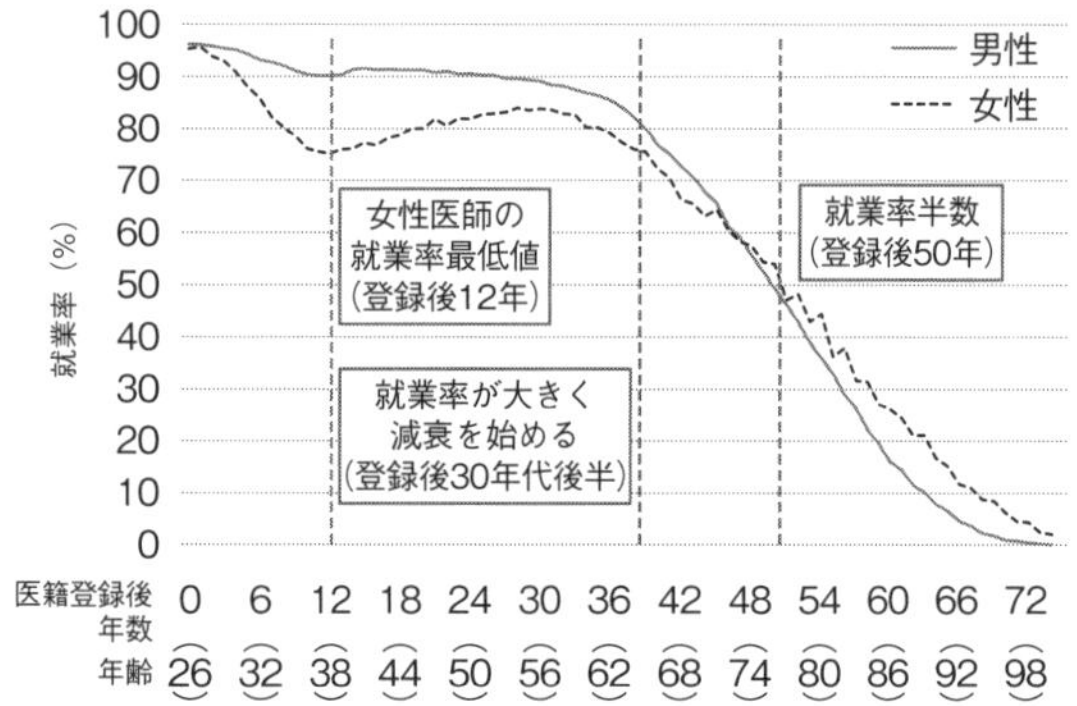

出典：厚生労働省（平成30年）

図「医籍登録後年数別就業率」によると、確かに女性医師は医師登録後12年目に就業率が下がっています。医師登録後０年目の平均年齢が26・8歳ですから、12年目はちょうど出産・育児の時期であると想定されます。

このグラフを見る限り、出産・育児によって医療現場を離脱する女性医師が最大で15％ほど存在しているのは事実だと思われます。

ちなみに厚生労働省「平成29年医療施設（静態・動態）調査・病院報告」によると、病院の主たる診療科目別にみた男女別常勤換算医師数で、もっとも女性の人数が多いのは内科（７０３６・６人）でしたが、男女比で見ると女性はたった19・１％しかいません。

男女別常勤換算医師数を１０００人以上に限

診療科別に見た女性医師の人数

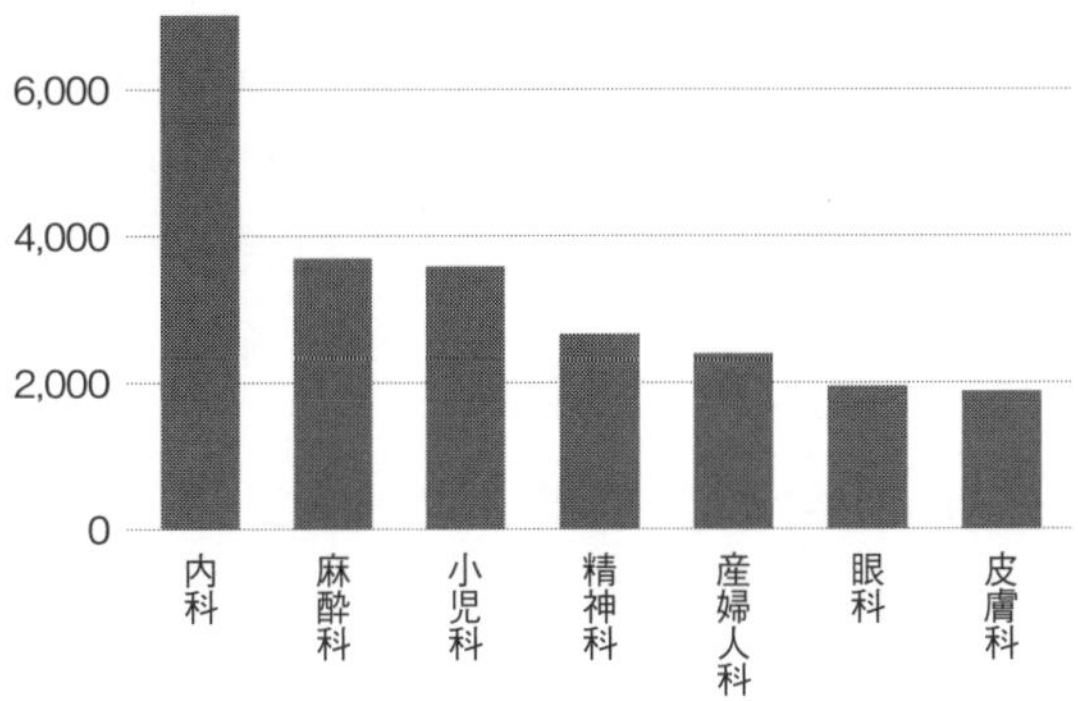

出典：厚生労働省「平成29年医療施設（静態・動態）調査・病院報告」

診療科別に見た医師の男女比率

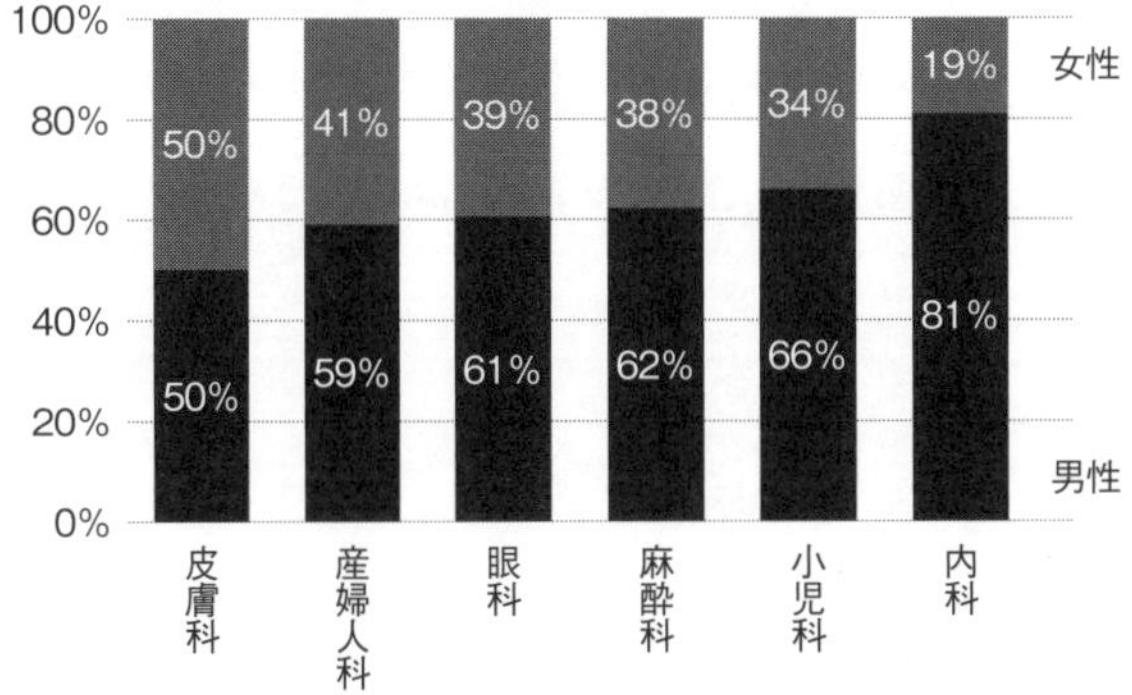

出典：厚生労働省「平成29年医療施設（静態・動態）調査・病院報告」

ると、女性比率が高いのは皮膚科、産婦人科、眼科、麻酔科の順になっています。

しかし、これらの診療科は医師の総数が相対的に少ない分野で、最も多くの医師が存在する内科の男女比をみれば、医師全体の男女比は男性優位の状態に置かれているのは明らかです。その理由の1つが先に述べた女性医師の産休問題なのだと思われます。

医療現場の事情として男性医師が必要という理由はいちおう理解はできますが、かといってそれを理由に入試の不正操作を行ってもよいのでしょうか。

■なぜ「もっとらしい意見」に飛びついてしまうのか

2019年OECD医療統計によると、**日本の人口1000人あたりの医師の数はG7中最下位、OECD諸国36カ国中32位となる2・4人**です。

厚生労働省は2033年に医者数が約36万人（1000人あたり3・1人想定）になると予想、現在のOECD平均3・5人よりも依然低いものの、改善する見込みではあります。

しかし、医療現場の人手不足はすでに深刻な状況に陥っています。

平成29年「医師の勤務実態及び働き方の意向等に関する調査」によると、15677件の

平均的な医師の勤務時間（常勤）

性別	年代	診療＋診療外	当直・オンコール
男性	20代	57.3	18.8
	30代	56.4	18.7
	40代	55.2	17.1
	50代	51.8	13.8
	60代	45.5	8
女性	20代	53.5	13
	30代	45.2	10.7
	40代	41.4	9
	50代	44.2	7.8
	60代	39.3	3.4

出典：厚生労働省「平成29年 医師の勤務実態及び働き方の意向等に関する調査」

回答からわかった平均的な医師の勤務時間は、20代男性で週平均57・3時間労働となっています。この時間は通常の勤務だけに限った数字で、さらに当直とオンコール（急患時の対応役として待機）勤務が週18・8時間追加されます。

週５日勤務に換算して１日につき約11時間労働（１日８時間労働＋３時間の当直・オンコール勤務）という計算になります。

ちなみに、これはあくまで平均値です。いわゆる過労死ライン（月80時間超の残業）を超え週60時間以上勤務している男性医師は全体の27・7％、女性医師は17・3％もいます。

医師の長時間勤務が常態化している現状が読み取れますが、その最大の理由が「人手不足」であるのは言うまでもありません。

男女別に見た医師の勤務時間分布

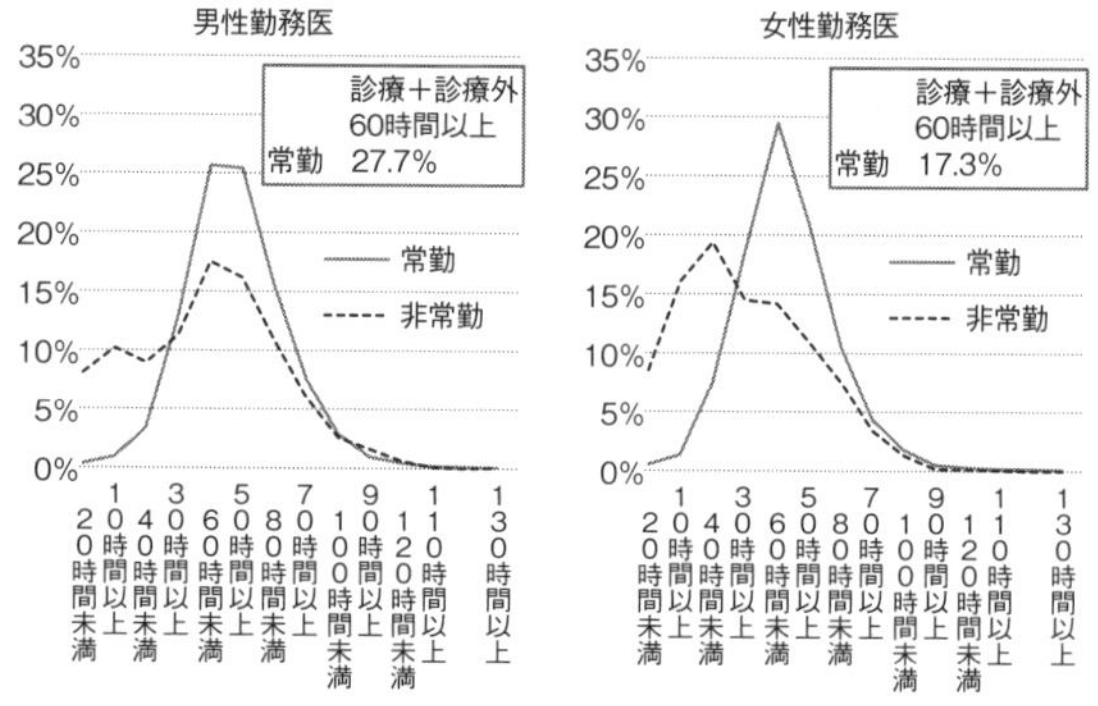

出典：厚生労働省「平成29年 医師の勤務実態及び働き方の意向等に関する調査」

ただし医師は高等教育に6年、それ以降も専門的な教育が必要で、短期間で養成するというわけにはいきません。

２０２４年からは医療現場の「働き方改革」として時間外労働の上限規制が導入されますが、医師の基準は一般労働者よりも長い「年９６０時間、月１００時間」と決められ、現状の長時間勤務を抜本的に見直すような制度にはなっていないようです。

女性医師の産休・育休が現場で敬遠されるのには、つまりはこうした「医師の人手不足」問題がまず大前提として存在しているのです。「人手不足」なのに、途中で抜けられると困るから、だったら男子に医者になって貰った方が良い、と考える人は一定数いるでしょう。

ではこの問題を根本的に解決する手段はどういったものになるでしょうか。

間違っても「女子学生を減点して男性医師を増やす」なんて結論にはならないはずです。それより医師の絶対数を増やし、業務効率の向上によって無駄な仕事を省いていくしかないものと考えます。

立ち止まって考えてみれば明らかな解決策だと思いますが、先ほども見たように、医師の間からは「女性医師を減らし、男性医師を増やす」解決策への賛同の声が確かに多かったのです。

「立ち止まってじっくり考えればわかる」内容でも、人間は「一見もっともらしい意見」に賛成してしまいがちなです。こうした傾向を**「無意識バイアス」**と呼んでいます。

13

【無意識バイアス】Unconscious bias

「自分自身でも気付いていない、無意識のうちに持っている偏見や思い込み」で、過去の経験や習慣、周囲の環境からいつの間にか「そういうものだ」と捉えている傾向。

◉ **具体例**

「理系はコミュニケーション能力が低い」「高齢者はパソコンが苦手」「最近の若者は根性がない」「男性は女性より体力がある」。これらは全て無意識バイアスの一例です。その人はコミュニケーションが苦手なだけであって、理系全員が苦手とは限りません。無意識バイアスにはなぜか主語が大きくなり、「決め付け」の傾向が強くなります。

女性は男性と同じように働けない。だから得点を操作するのは仕方がない。

一見もっともらしい考え方ではありますが、固定観念や先入観「だけ」を見て判断したため誤った結論に導かれていると考えられます。

女性医師が一定期間離脱しても医療現場の業務がきちんと運営できるように医師の絶対数を増やしたり、もう少し少人数でも運営できるようＩＴ化、機械化を図り省力化を推し進めたり、対策は様々考えられるわけです。

それを考慮に入れないまま、不正な入試操作を行って解決しようとした選択は、論理的かつ合理的な選択ではないように筆者は感じました。

ただし、差別意識に満ちた人々が悪意をもって実施した不正だった、と一方的に断罪するのも、また事実の一面しか理解していないようにも考えます。不正な入試操作を肯定した医師たちは、なにも「女性に対する悪意」のみに突き動かされたわけではなく、「医療現場の崩壊を防ぐためにやむを得ない」と考えたに過ぎないのではないでしょうか。

結果的にその考え方が合理的ではなかったかもしれませんが、それは彼ら既存の男性医師たちが差別意識にまみれている証拠、というよりも、**彼らもまた「バイアスという悪魔」に囚われている「人間」に過ぎない、という理解のほうが実情に近いのでは**ないかとも思います。

差別は決して正当化できませんが、**一律に「差別は良くない」と指摘するだけではなかなか状況が好転していないこともまた事実**です。なぜ差別がなくならないかこそ本来問題にされるべきなのですが、その時には「差別の少なくとも一部にはバイアスが関与している」ことがもっと明白に立証されるのかも知れません。

また、原因がもし「バイアス」にあるというなら、「差別は良くない」と批判する以外にも、人々の行動を変えていくための、より具体的で効果的な対策の可能性が広がります。

実際に米国では「アンコンシャス・バイアス・トレーニング」という「先入観を取り除き差別的な思考法を変える訓練」が開発され、目下流行の兆しを見せています。

Ｆａｃｅｂｏｏｋは「Managing Unconscious Bias」（https://managingbias.fb.com/）と題したビデオを社内外に向けて公開しており、Ｇｏｏｇｌｅは「Unconscious Bias@Work」と呼ばれる90分間のトレーニングプログラムに約６万人もの社員が参加、米国法務省の同種のプログラムには約２８０００人の労働者が受講したそうです。

■大人は「現状維持」が大好き

「差別は良くない」としつつ、「必要悪として認めざるを得ない」というのが、入試操作を容認する医師たちの立場でした。

彼らのコメントには「今までそうだったから」「今後変わるとは思えない」などと言う理由で「過去がそうだったから」と現状を容認する声が多く見られました。そうした傾向を「現状維持バイアス」と言います。

14

【現状維持バイアス】Status quo bias

得られる「リターン」よりも、失う「リスク」に過剰に反応して変化を望まない傾向。現状を抜け出して新しい状態に移る場合、コストだけでなくリスクがある。であれば「現状」のままが良いだろうと意思決定を下すようになる。変化した後の先が見えない怖さがあるのでしょう。

◉具体例

転職した方が自分の人生に良いかもしれない。他の携帯電話に乗り換えた方が、保険を乗り換えた方が、お財布には優しいかもしれない。新しいシステムを導入した方が、仕事の生産性が向上するかもしれない。それでも「乗り換え」ないのは、変化して何かを失う「リスク」が怖いからです。

「現状はこうなのだから、既存の対応がもっとも現実的だ」といった意見は特に大人の間によくみられます。なし崩し的に容認されている「現状」が、たとえば会社の古くさい業務プロセスなどであれば、それを変革しなかったところで大したダメージはない、というケースも多々あると思われます。

しかし「いわれなき性差別」や「裏でこっそり得点を操作するという不正な入試」など、どうみても「社会の悪」でしかない現状を、人間のバイアスにそった形でなんとなく追認し続けることの社会的なダメージは、実は見た目以上に大きいのではないかと筆者は考えます。「不正入試事件」が大きな議論を巻き起こした点を考えると、「差別」という「不正」に怒りを覚えたからでしょう。グレタさんの項で紹介した通り、「怒り」は社会を動かします。「怒り」という人間の「悪魔の心理」をうまく活用することで、「医師の人手不足」などのような長年の積弊を変えていく巨大なパワーを生み出せる可能性がある、とこの事件は示唆しているように思います。

もっと、怒って良いのです。怒らないから、世の中は何ひとつ変わらないのです。

第3章

人は「怠惰」な動物である

昔話

ウサギとカメ

昔、ある村にウサギが暮らしていました。

ある朝、「おはよう」と挨拶したカメをからかってやろうと思ったウサギは「おはよう、っておかしくないかい？」と返事をしました。

カメがその理由を尋ねると「だって、ちっとも早くないんだもの」とウサギは答えました。

「ゆっくり行くのも悪くないものです」

「いいや早いほうがいいに決まっているよ」

ウサギとカメは言い合いになりました。

そのうち、ウサギとカメのどちらがほんとうは足が早いのか、競争しよう、という話になりました。

山のてっぺんを目指して駆けっこで勝負です。

ウサギは用意ドンの合図で飛び出し、あっという間にカメとの距離を広げました。

もともとの足の速さでは、ウサギのほうが断然速いのです。

むしろカメがあまりにも遅いので、ウサギは途中で一休みすることにしました。

ところが、ウサギはついうっかり眠り込んでしまいます。

その間に、カメはゆっくりと、だが着実にゴールに向かって進んで行きます。

眠っているウサギを尻目に、カメはとうとうウサギを追い越しました。

油断したウサギが目を覚ました時には時すでに遅し、カメは先に山のてっぺんにたどり着いていていました。

たとえ能力が低くても、脇目をふらずに努力すれば必ず良い結果が待っている、という童話だそうですが、**そんなバカな話があるか**と筆者は叫ばざるを得ません。ウサギが寝たのはまったくの偶然で、カメはたまたま勝ったに過ぎません。どんなにカメが努力しようと、ウサギがミスをしなければカメの敗北は確実です。**万に一つもないような勝ちかたを見せて「努力すれば勝てる」という教訓を語ろうとするのは無理があるように思いますし、ある意味教育上非常によろしくない**と考えます。

ちなみにウサギとカメの寓話は、明治時代の初等科の国語の教科書には「油断大敵」というタイトルで掲載されていたそうです。なるほど、ウサギが油断しなければ勝てたはずです。

昭和の日本の美徳といえば「休むな」「必死に働け」これにつきます。

そうした日本を見ていると**独走している状況で一休みするウサギの戦法が、逆に筆者には新鮮に見える**のです。

今の日本に必要なのは「適当に休むことでより合理的に走る」ような戦法ではないでしょうか。

ただ、その「適当に休む」ということが真面目な日本人には意外と難しかったりします。

「適当に休む」「手を抜く」ためには、「怠けたい」という自分の欲望を直視し、その邪な心もまた自分の心だとどこかで認めなければならない気がします。

けれども真面目な人ほど「自分が本来は怠けものである」ということを「認められない」、あるいは「認めたくない」がゆえに、限界を超えるまで働いて健康を損ねてしまったりします。

カメに負けたウサギは、最後の最後で詰めが甘かったようですが、その戦い方は「手を抜ける場面なら抜いたって良いじゃない」という「令和の戦法」だったのかもしれません。

「本音トーク」に興奮する人々

■「本音と建前の使い分け」は大人の証明なのか

以前、心身のリフレッシュを兼ねてヒルトン小田原へ泊りに行った時、筆者はとてもユニークな経験をしました。

ヒルトン小田原は国内では数少ないペットＯＫのホテルの１つで、宿泊した部屋の中には一通りのペットセットが用意され、館内にはドッグランも併設されています。小田原の空気は澄んでいて、星空は美しく、最高にラグジュアリーな１日を過ごすことができました。

上機嫌のままチェックアウトを済ませたのですが、そのときフロントの方に声を掛けられました。

「本日はありがとうございました。宜しければ、私どものサービスを評価していただけないでしょうか？」

差し出されたのは、0から10までの数字が記載された得点表でした。

これはおそらくフレッド・ライクヘルドが提唱した顧客ロイヤルティ、つまり顧客の継続利用意向を知るための指標「NPS」を計測しようとしているのだと筆者にはぴんと来ました。

この調査では0〜6点をつけた顧客を「批判者」、7〜8点をつけた顧客は「中立者」、9〜10点をつけた顧客を推奨者として分類し、**「推奨者」の割合から「批判者」の割合を差し引いた値を「NPS」と呼びます。**

「NPS」が高ければ高いほど、ポジティブな口コミが多い、長い期間にわたり愛用する顧客がいる、売上高の成長率が高いなど、様々な良い影響が生まれることが知られています。

とは言え、ホテルの関係者を目の前にすると批判的な点数はつけにくいもので、筆者が忖度して「10点です」と答えると、フロントマンは満面の笑みで「ありがとうございます」と感謝してくれたのでした。

素晴らしいホテルだったとはいえ、**10点満点という評価は正直「ウソでは無いが、本音の数字でもない」といったところで、所詮は「建前」でしかありません。**

「建前」と「本音」を使い分ける能力の高さで有名なのが「京都人」です。

「お子さん、ピアノが上手くならはったなぁ」という台詞の真意は「ピアノがうるさいです」という意味なのだそうです。「建前」と「本音」の関係に精通していなければ、その真意をくみ取ることはなかなかの難問です。

別に、筆者が大阪出身だから京都を悪く言っているのではありません。これが実際の京都人の気質と齟齬《そご》がある可能性はありますが、ただこうしたイメージが流布しているのは事実ですし、むしろこれほど高いレベルで「本音と建前」を使い分けられるのは、京都の人々の高いコミュニケーションスキルの証明であるとさえ思います。

京都の例はややオーバーかもしれませんが、**「建前」と「本音」、つまり表の顔と裏の顔を使い分けるのが「大人の世界」に特徴的なコミュニケーションです。**

ただ、「建前」のコミュニケーションばかりでは疲れてしまうのか、テレビやお笑いの世界では「本音」トークがウケています。昔から毒蝮三太夫さん、ビートたけしさん、綾小路きみまろさんなど、時に「毒舌」も交えつつ「本音」の話芸でお客さんを楽しませる稀有な才能を評価されています。最近はＴＶでも「本音」「毒舌」のほうがウケるようになりつつあり、マツコ・デラックスさん、高嶋ちさ子さん、坂上忍さん、６代目神田伯山さんなど「毒舌」「本音」が面白い人々が引っ張りだこになっています。

■ホリエモンの悪口はなぜウケるのか

ビジネス記事やビジネス書の世界で「本音」「毒舌」で人気といえば、誰もが堀江貴文さんを思い浮かべるのではないでしょうか。

「本音と建前の使い分け」が求められるビジネスの世界で一頭地を抜く活躍を見せる堀江さんは、**「仕事のやりがいみたいな生ぬるいことより稼いだもんが勝ち」**といった「本音」をズバズバ言うスタイルです。

これだけ「毒舌家」でいながら、人気者であり続けている人は堀江さん以外にはちょっと思いつきません。

堀江貴文さんが著者に名を連ねた書籍（2003年〜2019年）計102冊のタイトル・帯文をテキストマイニング（文字列を対象に傾向や特徴を発見する技術）にかけてみた結果、言葉の使い方に次の3つの特徴があることが浮かびました。

1つ目は、**否定の意味で使われる「ない」が出現回数で圧倒的に一番多かった点**です。

帯文に目を向けると「時間の最適化を考える以外にない」（『堀江貴文　人生論』より）や「バカに恵む時間はない！」（『時間革命　1秒もムダに生きるな』より）など、本のタイトルでも『嫌われることを恐れない突破力！』や『本音で生きる　一秒も後悔しない強い生き方』といった言葉の使い方が目立ちます。

2つ目は、**「お金」（16回）、「稼ぐ」（10回）、「金持ち」（6回）など、お金に関する単語が多く登場する点**です。

国会図書館で調べてみたところ、2000年から2019年までの20年間に刊行された全書籍のうち「お金」がタイトルに含まれる書籍が4621冊、「稼ぐ」がタイトルに含まれる書籍は871冊、「金持ち」は790冊刊行されていることが分かりました。

一方で、「仕事」（21回）がタイトルに含まれる書籍は12626冊、「人生」（16回）は14866冊もありました。

堀江さんの得意ジャンルの1つは「お金」の本だと思われますが、そのジャンルは、「仕事」や「人生」といったテーマよりも書き手が少ないとわかります。

3つ目は**「バカ」（5回）、「嫌う」（5回）、「むだ死に」（2回）など、ネガティブな単語が登場する点**です。

堀江貴文氏の書籍タイトルに出現する単語

抽出語	出現回数
ない	46
ホリエモン	36
仕事	21
時代	18
堀江貴文	18
お金	16
人生	16
格差	15
生きる	14
考える	12
日本	12
時間	11
生き方	11
稼ぐ	10
成功	10
変える	10

『バカは最強の法則　まんがでわかる「ウシジマくん×ホリエモン」負けない働き方』といった本もあるのですが、この場合の「バカ」という言葉は肯定的な意味合いで使われています。

ですが『バカとつき合うな』『あり金は全部使え　貯めるバカほど貧しくなる』といった本にみられるように、明らかに否定的な意味合いの「バカ」も登場します。「キレイごと」だけではない「本音」が堀江さんの特徴なので、良くも悪くも「バカ」が登場するのは納得です。

こうした独特の言葉遣いこそ、余人には真似ができない堀江さんならではの「魅力」なのだと筆者は考えます。

そして、実はそれこそが堀江さんが熱狂的に支持される理由なのだ、といえば驚かれるでしょうか。心理学者フリッツ・ハイダーは、対人関係の原理の一つとして**「バランス理論」**を提唱しました。

15

【バランス理論】Balance theory

対人関係において3者以上の存在がある状況において、その3者間の関係のバランスを保とうとする傾向。

◉具体例

例えば、ある対象（X）についてAさんとBさんで話をしていたとします。Xについて、AさんもBさんも「良い（＋）」と評価する場合、AさんとBさんの関係は「良好」になります。逆にXについて、AさんもBさんも「悪い（－）」と評価をする場合も、同じくAさんとBさんの関係は「良好」になります。ところが、XについてAさんは「良い（＋）」と評価し、Bさんは「悪い（－）」と評価する場合は、ＡとＢは仲良くなれないのです。Ａさんが Ｂさんと仲良くしたいなら、Ａさん自身の評価を変えるか、あるいはＢさんの評価を変えさせるしかありません。

バランス理論の面白い点は「良い（＋）」同士だけでなく、「悪い（－）」同士でも良好な関係を築くことができる点です。

例えば嫌いなタレント、嫌いな映画、嫌いなプロ野球球団などの「悪口」を言い合って、人間同士は良好な関係を築き、意気投合し合うことが可能というわけです。

「好きの反対は嫌いではなく無関心である」とも言いますが全くその通りで、「好き」や「嫌い」は「興味を持っている」とする観点でみれば実は表裏一体とも言えます。関心が無ければ「良い（＋）」も「悪い（－）」もありません。

逆に、ある対象を「良い（＋）」と感じる人の前で、それを「悪い（－）」と言ってしまうとせっかくの人間関係に波風が立ってしまいがちです。大人はそれをよくわかっていますので、まるで互いの秘密を共有するかのように、陰でコソコソと「嫌い」を共有し合うケース

バランス理論

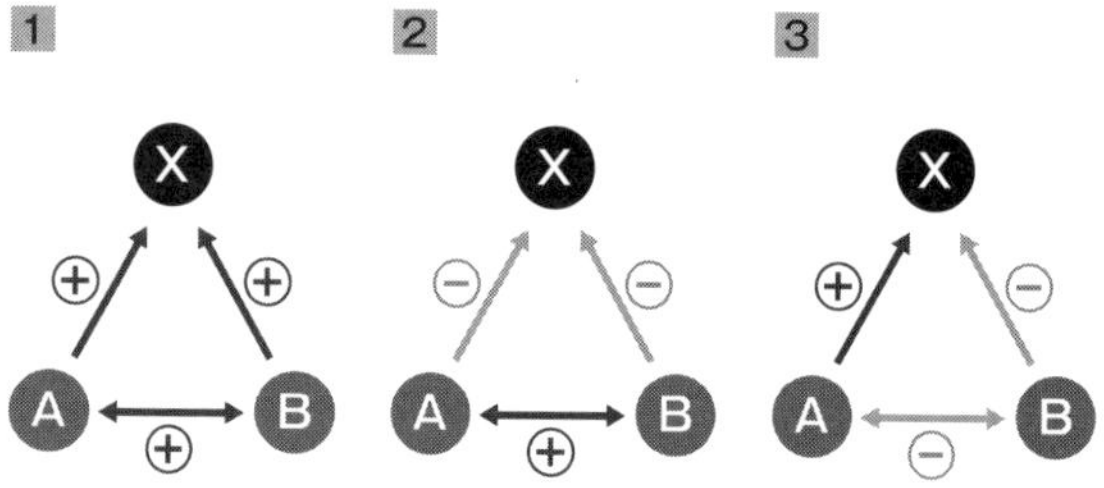

が多いのでしょう。

しかし堀江さんは陰で悪口をこっそり言うタイプではありません。「良い（＋）」だけでなく「悪い（－）」も積極的に発信しています。有り体に言えばある対象への「悪口」「暴言」なのですが、それに対して同じように「悪い（－）」と感じている人たちからすれば馬鹿ウケでしょう。人によって好き嫌いが別れる分、好きな人はとことん応援してくれます。

好きになるキッカケが「悪口」なんて日常でもあり得る話です。

既存の価値観を打破して成功を掴むためには、権力者であっても時にはこき下ろしたり、旧態異存な価値観の持ち主たちをバカにしたりすることも、時には必要でしょう。もっとも「バランス理論」から言えば、「共感」を呼ぶ手法として「王道」であるとわかります。

■「カリスマホスト」ROLANDとホリエモンの共通点

ただ、本音をズバズバ言う堀江さんを「偉そうだ」とか「驕り高ぶっている」と感じる人も一定数いると思います。

「随煩悩」と呼ばれる煩悩の一種に、「驕《きょう》」という悪い「心」があげられています。その意味は**「己の性質を優れていると錯覚し、己に執着する心の昂ぶり」**です。

「まさにホリエモンにぴったりな言葉だ」と思う人もいるかもしれませんが、筆者の見るところ、実は全くの的外れなのです。

書籍を何冊か読めばわかりますが、堀江さんは成功をつかむためには圧倒的なまでに努力を重ねることを推奨されていて、ご自身もきっと努力を積み重ねて今に至っているのだろうと推察します。

努力をしていなければ年間10冊以上もの書籍を刊行するなんてできませんし、その事実一つをとってみても、堀江さんが単なる「驕」な人ではないことは容易にわかります。

カリスマホストのROLANDさんの人気も、堀江さん同様に彼の超人的な努力のたまものと言えるのではないでしょうか。

ROLANDさんは「現代ホスト界の帝王」と呼ばれていますが、そうなるまでの努力と苦労は並大抵のものではなかったでしょう。ROLANDさんはテレビでも抜群のコミュニケーション能力を見せつけていますが、それは誰を相手にしても楽しませることができるという「自信」のなせる業のように思います。

努力を積み重ねているから「自信」を持っているし、「自信」を持っているから「俺か、俺以外か」というような彼の名言にも説得力が感じられるのです。

同じ発言でも説得力がある人とない人がいるのは、結局、私たちは言った内容だけでなく、「誰が言うか」をもとに判断しているからです。発言の意味を、内容ではなく、人に求めているのです。

■成功者だけが持つ「悪魔的な説得力」

堀江さんは起業家としてもタレントとしても成功した人なので、相手を「バカ」と呼ぼうが、旧態依然のやり方にこだわる人を批判しようが、**「成功した人の意見なら聞く価値がある」**

と私たちは思いがちです。

ＲＯＬＡＮＤさんにしても、「新宿歌舞伎町で『帝王』とまで呼ばれたカリスマホストの言う話だから、暴言に聞こえても、きっと超人的な接客テクニックに基づくのだろう」と考えがちです。

ただし、そんな成功者の発言を聞いても参考にならない、むしろ上手くいかなかった敗者の声が参考になると考える人たちがいます。彼らは**「生存者バイアス」**とは何かを知っているので、成功した人の意見だけを正しいと評価しないようにしているのです。

16

【生存者バイアス】Survivorship bias

ある特定の出来事や手段を評価する際、失敗事例は記録に残っていなかったり、目を向けなかったりして、成功事例のみを評価してしまう傾向。生存者の証言は重要視されますが、「死者」のことはいつしか忘れ去られ、「生存者」が全てであるように感じてしまうのです。

◉具体例

日本経済新聞の名物連載「私の履歴書」は非常に面白いのですが、登場する人たちが全て「生存者」なので、仮にその通りに行動したとしても、成功を収めるとは限りません。むしろ特殊要因や偶然の可能性も紛れていて、再現性が極めて低いかもしれません。それでも「あの名経営者が成功したなら」と同じ取り組みに挑戦し、失敗して二度と這い上がれなかった経営者も多いと推察します。

「生存者バイアス」があるゆえに「説得力」が倍増する面はあると思いますが、だからといって彼らの主張が、そもそも疑わしいわけではありません。「生存者」だから役に立たないと極端に振り切る理屈も筋が通っていなくて、**それはそれとして話を聞いておくべきです。**

堀江さんにしろROLANDさんにしろ、「成功者」であるという結果だけで判断されていて、「成功」を掴むまでのプロセスにおける泥臭い努力が見逃されがちです。**成功者に対しては「結果バイアス」も働き、「どうせ才能が違う」と最初から諦めてしまっているのではないでしょうか。**それは少し勿体ないように感じます。

堀江さんもＲＯＬＡＮＤさんも、ファンと共通の「敵」を作ることで「共感」を呼ぶだけでなく、世間一般の臆病な人には到底真似のできないような高等スキルを見せつけて、自身の「権威」を高めていると筆者は睨んでいます。

人間は「権威」に弱いのです。「成功者」の権威であれば尚更です。その意見だけで判断を下してしまうほどに弱いのです。悪魔的とも言える説得力の源泉は、「成功すること」にこそあると言えるかもしれません。

結局、**努力しろ。結果を出せ。**この９文字が全てなのかもしれません。

「サボりたい」という人間のダークサイド

■「3種の神器」はなぜ大ヒットしたのか

1950年後半、戦後の新しい生活必需品として白黒テレビ、洗濯機、冷蔵庫の家電3品目が「3種の神器」と喧伝された時代がありました。

内閣府の消費動向調査によると、1957年から1975年にかけて、それぞれの家電の普及率は左図のように推移しています。そう言われた当時、それぞれ当初の普及率は20％にも満たなかったとわかります。

1954年から始まった神武景気以降、当時は日本経済全体が急成長していた時代であり、「3種の神器」は決して「夢のまた夢」ではなく、**「頑張ればそのうち手に入る」商品**でした。

「3種の神器」普及率

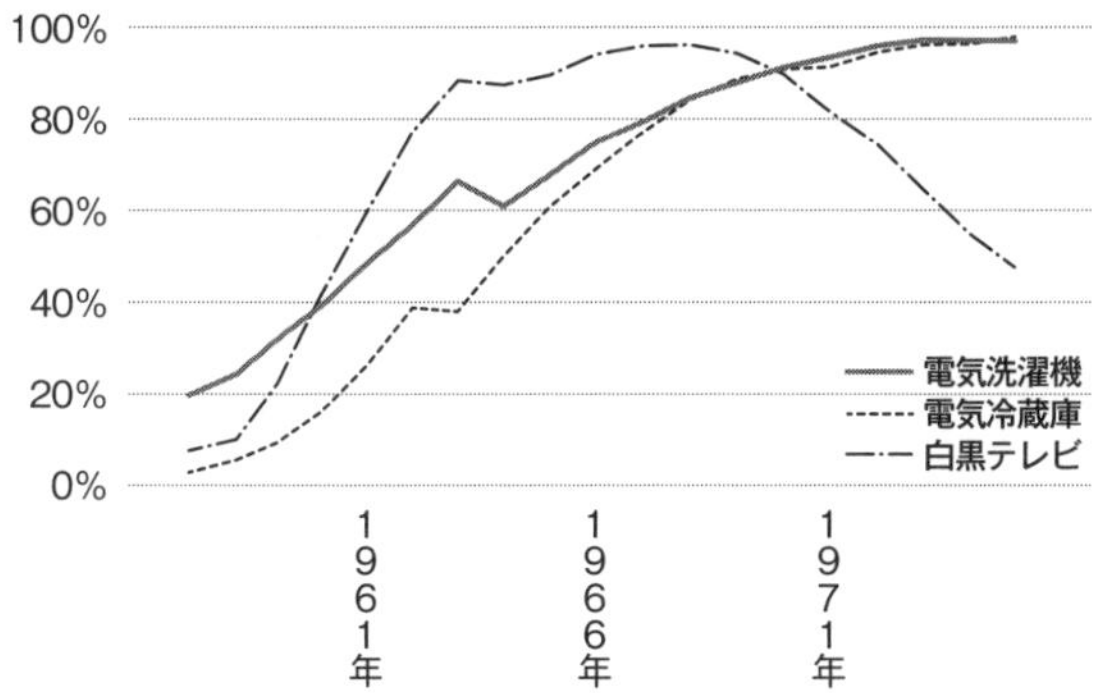

出典：内閣府「消費動向調査」

時代は変わり、1960年代後半にはカラーテレビ、エアコン、自動車の耐久消費財3品目が「新・3種の神器」と喧伝されました。こちらの普及率は「旧・3種の神器」ほどではありませんが徐々に浸透していき、20年かけて50％を超え、30年かけて70％を超えていきました。

この時代の消費者の間には**「もっと家事（洗濯、食事）を楽にこなしたい」「もっと快適に過ごしたい」**とする明確なニーズがありました。

そのため商品開発においては「何をつくればいいか」はわりと明確であり、あとは商品に競争力を持たせるため、いかに各部品のコストを安く抑えるか、いかに大量生産するかが企業の勝負を分ける時代でした。

その後バブル経済がピークを迎え、のちにバ

「新・3種の神器」普及率

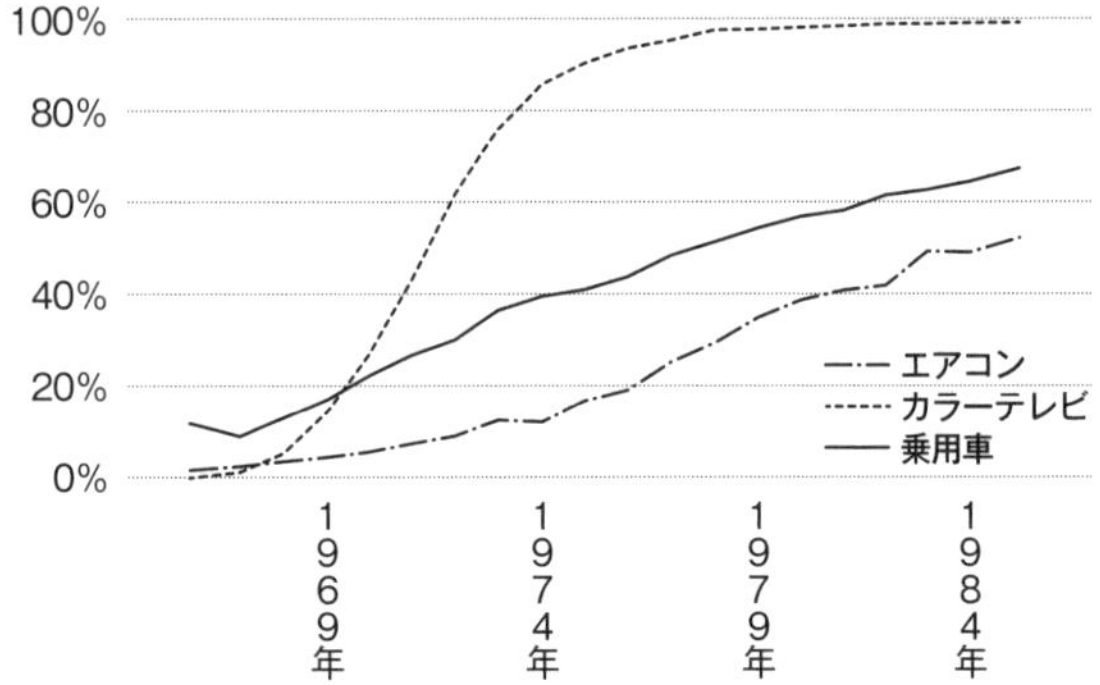

出典：内閣府　「消費動向調査」

ブル崩壊した時代に突入すると、「消費者のニーズはほぼ実現し尽くした」と言われるようになります。つまり、消費者のニーズが昔ほど明確ではなくなり、機能や価格勝負以外の要素でヒットするかどうかが決まる時代に突入したと言えるでしょう。

そのような時代にも、「3種の神器」のように普及率が急伸した耐久消費財がありました。90年代の「温水洗浄便座」「パソコン」「携帯電話」、00年代の「スマートフォン」などがそれに該当します。

■「楽」を拒む「堅物」たち

一方、明確なニーズがあって、困っている人

「デジタル機器・食洗器等」の普及率

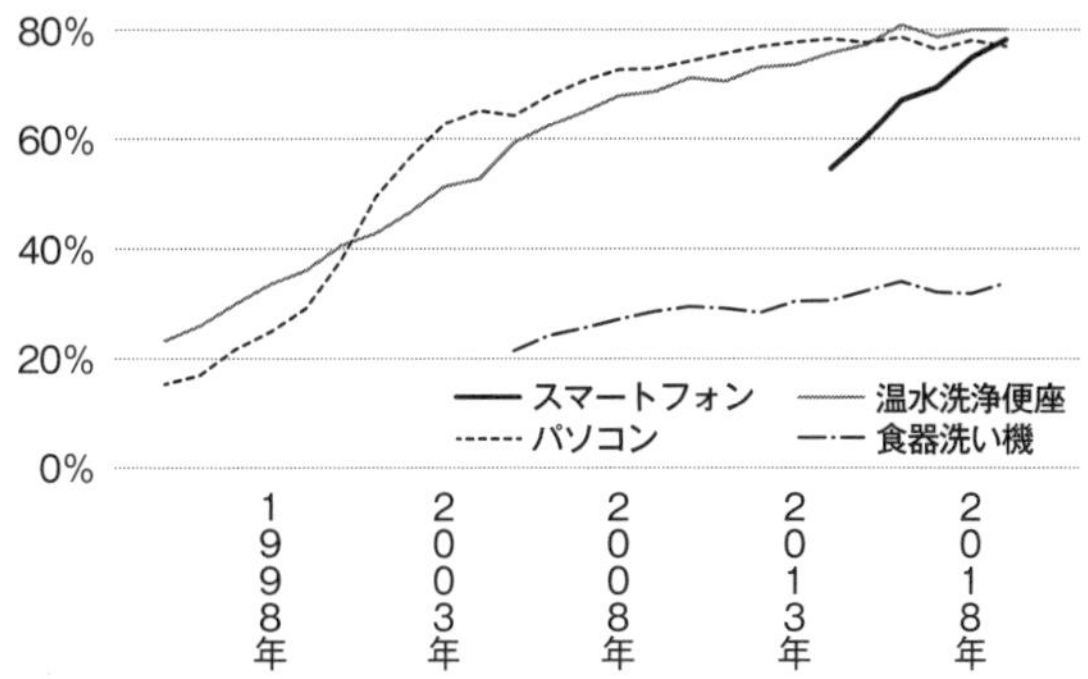

出典：内閣府　「消費動向調査」

がいるのに、なかなか世の中に浸透しない耐久消費財の代表格が「食洗機」です。

グラフを見れば一目瞭然ですが、「スマートフォン」などに比べると普及率は40％未満と、いまだ一般に普及しているとは言いがたい状況です。食器を洗う手間を自動化してくれるのですから、圧倒的に「楽」になるのは間違いないと思うのですが、なぜかいまいち普及しないのです。

パナソニックが2015年7月に発表したプレスリリースによると、食洗機を購入していない人の理由として「キッチンに置くスペースがない」という理由がもっとも多かったそうです。

確かに昔の住宅には「食器洗濯器」の概念がありませんでしたから、置き場所が無いとする理由は頷けます。

そのほかの意見として**「贅沢品のイメージがある」「欲しいけど夫や姑に遠慮している」「家族が嫌がる」**という理由もありました。こちらは非常に興味深いと筆者は感じました。「さらに楽になる」のを、必ずしも良いと思わない人もどうやら一定程度いるようです。

■誰もが陥る「昔は良かった病」

人間は必ずしも「過去」を「過去のまま」で記憶していません。「楽になる」と伝えても、**「もともとそんなに辛くなかった」「私だって苦労してやってきた（のだから貴方も同じ苦労を味わいなさい）」**と記憶を捻じ曲げてまで反対する人がいます。それが姑だったら最悪です。

例えば**「バラ色の回顧」**として知られる傾向があります。

17
【バラ色の回顧】Rosy Retrospection

過去の出来事について不要な記憶（嫌だったこと、辛かったこと）を削ぎ落とし、良い評価のエピソードだけを覚えている傾向。

◉具体例

大人同士でケンカになった場合、仲裁者が「時間が解決してくれる」という言い方で宥めたりするのは、まさに「バラ色の回顧」が頭の中にあるから。時間が経てば嫌な記憶も忘れてしまう。同窓会に参加すると、昔話に花が咲くのも同じ理由と思われます。

食器を手で洗うのは「面倒」だったり「手荒れが苦痛」だったり、良い記憶ばかりではないはずなのですが、家族との団らんの時間のような楽しい記憶ばかり覚えているため、料理や食器洗いにも良い評価を持ってしまうのかもしれません。

また、食器洗いのように毎日の習慣として繰り返し行っている行為については、その苦労を過小評価しがちです。

これは『よく知っている道』の効果」と呼ばれる現象です。

18

【「よく知っている道」の効果】Well travelled road effect

よく利用する道のりの移動時間を少なく見積もり、あまり利用しない道のりの移動時間を多めに見積もるなど、普段行っている作業の労力を過少評価し、初めて挑戦する作業の労力を過大評価する傾向。

◉具体例

初めての作業は余裕を見て作業時間を多めに見積もりますが、何度も経験した作業は「半日でできます」と判断してしまい、結局は丸1日かかってしまうなどの経験はないでしょうか。ちなみに同じ道にも関わらず、何度も通っていると「必要な時間が短くなった」と感じる場合があります。これは当初の「必要だと想定する時間」が、このバイアスのために長めに見積もっていただけで、何回通ろうとかかる時間に殆ど違いはありません。慣れているから多少早歩きで歩いている程度です。

何十年も食器洗いを続けていれば、**「食器洗いなんてたいした労働ではない」「わざわざ高価な食洗機を買ってまで省力化しようと思わない」**と判断しがちなのだと思われます。

「バラ色の回顧」「『よく知っている道』の効果」から、人間には**「過去の成功にとらわれがち」**である、と理解してもいいかもしれません。バブル崩壊後の日本経済が長期にわたって停滞し、「失われた30年」とも言われていますが、そうした不振に陥った理由として「高度成長期〜バブル経済の成功体験にとらわれ、新しい技術やサービスへの適応を怠った」点がよく理由としてあげられます。

同じ理屈が世代間ギャップにも見られます。

若い世代にとっては「過去の成功体験の呪縛」が「先行世代の不作為や怠慢」のようにも見えるので、令和になった今では「昭和の価値観」を濃厚に漂わせる会社のイメージが良くないと感じる人は多いでしょう。

日本企業だけでなく日本社会全体の価値観として、**「要領よく進めて苦労を避ける」「手を**

抜ける場面で楽をする」のは「悪」とされがちで、**「いやな出来事があっても耐える」「手を動かして一生懸命頑張る」のは「善」**とされがちです。もはや、それが「美徳」なのです。

しかし、そうした日本人の考え方を逆手にとったのが、いわゆる「ブラック企業」です。「ブラック企業」ではよく「会社の理念」を暗唱させたり、休まない人間を高く評価したりといった手法で、労働者を洗脳します。そうやって**「労働基本法に違反するような不当に安い賃金で違法な長時間労働を強いる」環境に疑問を持たせないようにする**のです。

こうした環境に運悪く置かれてしまうと「一生懸命働く」なんて「善」でもなんでもありません。場合によっては、自分の生命まで危険にさらされます。「一生懸命に頑張る」という美徳も、時と場合によっては「危険な発想」「悪の教義」になりかねません。

「苦労を避ける」「楽をする」のは、一見すると「怠惰」「怠慢」ですが、それとは表裏一体の価値として**「物事を効率よく進め、全力を出さずに手を抜いて、体力をコントロールする」**という意味では「善」でもあるのです。

昨今、日本経済全体に「生産性が低い」という問題がしばしば指摘されていますが、「仕事の効率を度外視してとにかく長時間一生懸命働く」といった発想では、いつまでたっても「生産性の向上」は達成できません。

むしろ、私たちの中に「怠惰」という「悪魔」が潜んでいることを認めて、「適度に休む」「効率の良い仕事の仕方を考える」方が、よほど生産性は向上するのではないでしょうか。

■「怠惰」はイノベーションの母である

「男女平等」「女性の社会進出」が浸透してきている日本社会で、「家事を担当するのは女性の役割」と断言する人はさすがに減ってきていると感じていますが、いまだに「お母さん」が子供の弁当を用意している家庭はまだまだ結構あるようです。

それ自体が悪いとは思いません。「インスタ映え」するお弁当作りに情熱を燃やす方も多く、それ専門の本もたくさん刊行されています。

ただ、共働き家庭が大多数になっていますから、毎日手の込んだお弁当を作るのは大変だと嘆いているお母さんも多いと思います。おかずは冷凍食品で、あとはご飯さえつめればOKという「手抜き弁当」でお茶を濁したいというのが人情ではないでしょうか。

もっとも、冷凍食品ばかりでは子供に申し訳ないと思って、1品だけでも手作り食材を入れようとするお母さんが結構多いのです。お弁当だけでなく、晩ご飯のおかずがすべてスーパーの惣菜だと家族に罪悪感を抱いてしまうので、お味噌汁だけは手作りにする、と考えるお母さんもいるようです。

筆者はマーケティングリサーチの仕事を通じて、家事を担当する人のこうした「申し訳ない気持ち」にたくさん接してきました。

1品だけでも手作りのおかずを作ろう、と思う人がたくさんいる理由として、**「手間と時間をかけている」ほうが「手を抜かずに愛情をこめて真面目にやっている」と感じる人が非常に多い**のでしょう。

ただし、先ほどもすこし触れたように、「何でも良いからとにかく手をかけている」のを「善」だとするのは、古い価値観の企業か、ブラック企業に濃厚に見られる考え方です。普通の企業ではたとえばＩＴを活用して資料をより短時間で作成すれば、より高い生産性を実現したとして評価されます。

同じことを家庭でやろうとすると批判されやすい現実がありましたが、最近は「家事のアウトソーシング」に着目したサービスが大ヒットしており、まさに**「怠惰はイノベーションの源」**であると強く実感させられます。

２０１９年12月、日本最大級のデリバリーサービス「出前館」を運営する株式会社出前館が「日常食としての出前活用」を推進するためにＣＤＯ（チーフ出前オフィサー）としてダウンタウンの浜田雅功さんを迎え、「＃たまには出前でええやん」キャンペーンを初めて大きな話題を呼びました。

このキャンペーンを実施した背景には、女性の社会進出が進み、２０１８年に「共働き世帯数」が過去最高を記録したにも関わらず、今なお家庭において「手作り至上主義」が根強いという現状を変えたかった、と出前館は説明しています。

ＴＶＣＭにおいて、浜田ＣＤＯが忙しいお母さんや働く若者に「たまには出前でええやん」「食べんと頑張ってるって……ホンマに、頑張れんの?」とメッセージを投げ掛けていた姿が、とても印象的でした。

楽をして良い結果を得られるなら最高じゃないか、と筆者などは考えてしまうので、美味しいご飯を食べる選択肢として「出前」がもっと浸透すれば良いのに、と感じています。

そうした状況もあってか、ＬＩＮＥが出前館と資本業務提携契約を締結して、計３００億円を出資したと3月26日に明らかになりました。店舗内に包装容器を用意するだけで、すぐにフードデリバリーが開始できるビジネスモデルが急激に拡大している点が提携の背景にあります。

２０１６年には「ＵｂｅｒＥａｔｓ」が日本に上陸し、プラットフォームとなったデリバリー（出前）サービスは一気に市場を拡大しています。新型コロナウイルスの影響で、困窮する飲食店だけでなく、なかなか外出できないリモートワーカーの役にも立つ、まさに「神様」のような存在になりつつあります。

さて、共働きで家事に時間をかけられない夫婦が、**時短のためにお掃除ロボットや乾燥機付き洗濯機、食洗機を購入するのは「家事をサボっている」のでしょうか、はたまた「機械化で時間を生み出しているスマートな選択」なのでしょうか。**

「楽しよう」という呼びかけが前面に出すぎてしまうと、日本人は拒否反応を示してしまうのもまた事実だと思います。「熱狂」を生むという視点からは、人間の「煩悩」をただただ全肯定すればいいというわけではなく、「煩悩」を受け入れられないという消費者の気持ちにも配慮して、受け入れやすい範囲内で「怠惰」を推奨する、という「気配り」がどうやら必要になりそうです。

サボりたいのか頑張りたいのか、どっちやねん、とつい叫んでしまいそうになりますが、そういう割り切れない反応をみせるのも、また人間らしさと言えるでしょう。

「人間のクズ」はなぜ愛されるのか

■「カイジ」が人々をざわつかせる理由

昨今の若い男性に好きな漫画を3つあげてもらうと、おそらく「鬼滅の刃」「キングダム」「ONE　PIECE」「進撃の巨人」「約束のネバーランド」「僕のヒーローアカデミア」あたりの作品が上位にランクインすると思います。

いずれも人気漫画で、筆者も好きで読んでいますが、それ以外にもう1つ追加しておきたい漫画があります。

1996年に連載が始まった比較的古い漫画にもかかわらず今なお新シリーズが発表され、2020年1月には映画版最新作も公開された人気作品、「カイジ」です。映画版以外にも、テレビアニメ、パチンコ・パチスロなど多方面に展開されている名作ですので、ほとんどの方はよくご存知だと思います。主人公が大金を得られるギャンブルに、自分の人生そのものを賭けて立ち向かっていくというストーリーは、読者を圧倒します。

人気作品ゆえ「カイジ」の名場面には事欠かないのですが、とりわけ有名なのがよく冷えたビールを飲んで「キンキンに冷えてやがる」「悪魔的だぁ〜」と叫ぶ名（迷）シーンではないかと思います。この場面をネタにしているモノマネ芸人もいるくらい有名です。

ただ、このセリフは実は藤原竜也さんが主演する映画版のオリジナルで、原作の漫画では「犯罪的だぁ〜」と叫んでいます。

「犯罪的」と「悪魔的」は言葉としてはわずかな違いではありますが、藤原竜也さんがどこに行ってもビールを一口飲んで「悪魔的だぁ〜」と言わされているくらい人口に膾炙《かいしゃ》した場面ですので、わずかな言葉の違いが大ブームの原動力になったともいえ、実にナイスな修正だったのではないでしょうか。

そもそも「カイジ」とは作中の主人公である伊藤開司の名前を指します。彼は端的にいって**「人間のクズ」**で**「怠惰で自堕落なダメ人間」として描かれる一風変わったヒーロー**です。

普通、少年漫画の主人公といえば、「鬼滅の刃」における「竈門炭治郎《かまどたんじろう》」や「キングダム」

の「信《しん》」のように、直情径行型で理想主義の熱血漢、周囲の人間には誠実なキャラクターというのが普通ですが、「カイジ」の伊藤開司は全くの真逆、そもそも目標達成に向けて不断の努力を惜しまないタイプではありません。

ですが、伊藤開司は一見「運否天賦」に見えるギャンブルに「必勝法」を見出していく「悪魔的な知恵」と、狡猾な強者にも負けない「天賦の強運」、そして逆境を切り開く「勇気」と「洞察力」を兼ね備えた、ある意味では非常に有能な人材でもあります。

また「カイジ」最大の魅力ともいえるのが、インパクトの強い数々の「名セリフ」です。セリフに名言が多いことはヒットする漫画に共通の特徴ともいえます。例えば「鬼滅の刃」には**「生殺与奪の権を他人に握らせるな！惨めったらしくうずくまるのはやめろ！」**という名言が生まれ、これによって一挙にメガヒット漫画の地位を確立した感があります。

ただ「鬼滅の刃」のセリフがどちらかといえば人間の善意を肯定する「光」だとすれば、「カイジ」のセリフは人間の醜さや悪意を赤裸々に描きだす、圧倒的なまでの存在感を持った「闇」のセリフだといえます。

「明日からがんばるんじゃない……今日…今日だけがんばるんだっ……！　今日をがん

ばった者……今日をがんばり始めた者にのみ……明日が来るんだよ！」
「勝たなきゃダメだ……勝たなきゃ悲惨がむしろ当たり前。勝たなきゃ誰かの養分……」
「奴ら……可能性を見ていない。言っちゃ悪いが、奴ら正真正銘のクズ……負けたからクズってことじゃなくて可能性を追わないからクズ……」

（「賭博黙示録カイジ」「賭博破戒録カイジ」より）

「鬼滅の刃」にはない「カイジ」の魅力とはこうした「人間のダークサイド」の魅力であり、それゆえにストーリーの主人公は真っ当なヒーローよりも「人間のクズ」のほうが、ある意味でふさわしいともいえます。

藤原竜也さんが映画版「カイジ」の主演に決まった際も、あの「クズっぷり」がどこまで再現できるかが大きな話題となりましたが、完成した映画では非常にレベルの高い「クズっぷり」を見せて観客の度肝を抜きました。

■「ザ・ノンフィクション的共感」の正体

漫画の冒頭、カイジは定職につかない自堕落な人間として描かれ、パチンコに通って安酒をあおり、酔いつぶれてごみ溜めのような汚い部屋に寝る毎日を過ごしています。

しかも日々の鬱憤は駐車場に止まっている高級車にイタズラすることで解消しており、絵に描いたようなダメ人間です。漫画ではコメントとして**「非生産的なだけでなく、他人の足まで引っ張る」**と表現されてもいて、器物破損罪や窃盗罪のような軽犯罪には日常的に手を染めているという「クズ」っぷりです。

同じように不遇の日々を過ごしていても、逆に吹っ切れて悪党や犯罪者になるような人もいるでしょうが、伊藤開司にはそうした度胸もなく、かといって真っ当に働き地道に努力するのも嫌という人間です。

それでいて**「まだ自分はやり直せる」「本気を出してないだけ」**という「言い訳」を他人にむかってのみならず、自分自身に向かっても繰り返しているという、割とどうしようもない主人公です。

その癖、中途半端に人に優しくしがちで、あまり深く考えず知人の借金の連帯保証人になってしまい、身に覚えのない多額の借金を背負った結果、違法賭博の世界へ引き込まれていくところからストーリーが徐々に広がっていきます。

もし漫画を読んでいない人に伊藤開司のキャラを一言で説明するなら、フジテレビ系列のドキュメンタリー番組「ザ・ノンフィクション」に登場しそうな人物、とでもいえばいいかもしれません。

「ザ・ノンフィクション」とは市井の人々が悪戦苦闘しながらも真剣に生きる姿を取り上げ、これまでに何度もドキュメンタリー関連の賞を獲得している定評ある番組で、ファンを公言する芸能人も少なくありません。

登場人物の大半は身体的あるいは金銭的なハンディキャップを背負った「弱者」で、彼らが不器用ながらも一生懸命前向きに生きていく姿が描かれることが多いのですが、そのリアルなストーリーが広範囲に支持されています。

中には挫折からもがき苦しんで這い上がりつつあったのに、不幸にもそこからさらに転落していくような人が描かれ、見ていて辛くなる回もあったりします。

「ザ・ノンフィクション」も「カイジ」も、描かれている人物は決して「勝ち組」や「ある分野に精通したエキスパート」「起業して成功した人」ではありません。映される世界観は

「情熱大陸」の反対側です。

むしろ社会的には「負け組」で、しかも視聴者や読者から見て「負け組」になったのもむべなるかな、と思ってしまうような「一見」残念な行動や振る舞いが目立つ人ばかりです。

ですが「カイジ」「ザ・ノンフィクション」が多くの人々からこれほどまでに支持され、愛され続けているところを見ると、実は一般の人々は「エリート」や「勝ち組」の人生など見たいと思っておらず、むしろ「負け組」「クズ」のほうによっぽど親近感を抱いている、と言えるかも知れません。

登場人物に親近感を覚えるのは、「**類似性**」と呼ばれる心理現象で説明できそうです。

19

【類似性】Similarity

環境、容姿、態度など似た者同士と一緒にいると、心地良さを感じて好意的な人間関係を成立させる傾向。「似ている」の度合いは相対的なもので、例えば異国の地で「同じ日本人」なだけで親近感を抱く場合もあるが、日本ではそれはあり得ません。

◉具体例

「ジムに通ったけど3日坊主だった」という友人の暴露話を、「私もそうだ」と共感し、それを話せば、お互いに親近感を抱き合い、距離がグッと縮まるでしょう。

類似性はプライベートな話に限りません。「マーケティングに割ける人員がいないんです」というある顧客の暴露話に、「Aさんもそうだったけど B社のサービスを使えば楽になった」という事例を話せば、B社に親近感を抱く可能性があります。

自分が完璧な人間だと思っている人なんて、おそらく1人もいないのではないかと思います。

「外では恰好をつけているけれど家ではだらしない」だとか、「複数人と交際しつづけている」「ギャンブルが好きで仕事を抜けてパチンコをしている」といった**「クズエピソード」の1つや2つは誰もが持っているのですが、それでいてパッと見は真面目な社会人の「フリ」をしているのが人間の実際の姿**ではないかと思います。

したがって、「クズ」で「ゲス」な一面をさらけ出している人に対しては、多くの人が「私と同じ」だと感じやすく、「親近感」を抱くようになります。

逆に「できる人」「完璧な人」「成功者」に対しては、そういう「完璧さ」「有能さ」を多くの人が「私とは違う」と直感してしまい、「親近感」を抱きにくくなります。

相手が優秀な人であればあるほど、自分の欠点や不完全なところばかりを意識させられてしまい、自分を恥ずかしく感じたり、劣等感を抱かされたりしてしまうのです。

そういう人に対しては「自分とは違う人」として扱ってしまうので、「憧れ」の対象にはなりえても、「親近感」を持ち得る存在ではなくなってしまいます。

逆に一見して「ダメ人間」は完璧な人の対極の存在で、**「この人は自分と同じか、自分よりもダメな人だ」と思わせるような人ほど、強力な「愛され力」を発揮する**ものです。

高田純次さんや蛭子能収さんといった「ダメな人キャラ」のいわゆる「脱力系おじさん」を見るとわかりやすいと思いますが、「努力」とか「節制」「修行」といった言葉とは無縁のように見える一方、彼らの好感度はとても高いのが現実です。

隙だらけで、全然完璧ではない人ほど現実には愛されやすいのです。

江頭2：50さん、出川哲朗さんらは一般的に「汚れ芸人」というくくりで知られている芸人です。「汚れ芸人」とはW・i・k・i・p・e・d・i・aによると「下ネタ・一発芸のような簡単に笑いが取れるネタを多用する」「芸道より副業に精を出している」「芸もないのに処世術のみ長けている」ような芸人を指す言葉で、本来はあまりいい意味ではありません。

ただ、江頭さんは最近Ｙｏｕｔｕｂｅｒを始めたところ、あっという間にチャンネル登録者数１００万人の大台を達成したほどの人気ぶりでしたし、出川さんも多数のテレビＣＭに出演している人気お笑い芸人であり続けています。

人々に愛されたいのなら、「学歴」や「財力」「地位」などをひけらかすよりも、「みんなと同じくらいにダメ」な「素の自分」をさらけ出すほうが余程効果的です。

人間の50%はクズでできている

自分を高めようと自己研鑽する努力は尊いものだと思いますし、人間が偉大な文明を築きあげる原動力ともなった「美徳」でもあります。

ですが、「自分を高めるために努力するのは面倒」だから「努力なんかしたくない」と思うのも、やはり人間の本質です。「ちゃんとしなきゃ！」「真面目に働こうよ！」と否定しても、あまり意味がないと思います。

むしろ、勉強も働きもせず、酒は飲んで、タバコも吸って、ギャンブルや風俗に通うどうしようもない人生を送っている人を見ても、**声高に非難するよりは、「人間だからしかたがない」と苦笑して素通りするくらいが賢明な対応**なのかもしれません。

関西弁には「しゃーない」という便利な表現があります。強いて英語で言えば「let it be」とでも言いましょうか。少しくらい人生でつまずいても「しゃーない」で済ますのが、ある意味で「賢者」の態度ではないでしょうか。

故・七代目立川談志師匠はこうした人間の「ダメな部分」を笑いに昇華させる落語の力を「業の肯定」と表現しました。

立川流創設の頃まで、あたしは〈人間の業の肯定〉ということを言っていました。最初は思いつきで言い始めたようなものですが、要は、世間で是とされている親孝行だの勤勉だの夫婦仲良くだの、努力すれば報われるだのってものは嘘じゃないか、そういった世間の通念の嘘を落語の登場人物たちは知っているんじゃないか。人間は弱いもので、働きたくないし、酒呑んで寝ていたいし、勉強しろったってやりたくなければやらない、むしゃくしゃしたら親も蹴飛ばしたい、努力したって無駄なものは無駄——所詮そういうものじゃないのか、そういう弱い人間の業を落語は肯定してくれてるんじゃないか、と。

（『人生成り行き』より）

談志師匠の言葉には深い含蓄が感じられます。

もちろん「一生懸命働く」や「頑張って勉強する」も人間の本質ではありますが、そうした「キレイごと」は人間の50％でしかありません。人間の「弱さ」や「脆さ」といった「ダメな面」もまた人間の本質なのです。

「人間の50％はクズでできている」のです。一方的な「常識」をもって、「人間は真面目に働かねばならない」「人間は努力しなければならない」と決めつけている限り、人間の半分はいつまでたっても理解不能なままです。

「女性はこうあるべき」「親はこうあるべき」みたいな「常識」ばかり押しつけられていると、ごく普通の人間でも生きづらく感じるだろうと思いますが、残念ながら現実の社会とは「常識」が先にあって、それに合わせる生き方を強要されるような息苦しい世界であるのも事実です。

談志師匠の言う「業の肯定」とは、先に触れた「汚れ芸人」の例のように、「クズ人間」「ダメ人間」の話を演じることで、お客さんが「親近感」を覚えるというのが噺家の芸の構造だ、ということではないかと思います。

「智に働けば角が立つ。情に棹させば流される。意地を通せば窮屈だ。とかくに人の世は住みにくい」とかつて夏目漱石は書きましたが、日本に限らず社会の本質とは古今東西あまり変わらないのかもしれません。

逆に、社会がそういう息苦しいものだからこそ、「息苦しくない」「気安い」「親近感を覚える」人間に人気があつまるのではないでしょうか。

「カイジ」も「ダメ人間」に対する親近感を抱かせるような設定と構造を備えています。「優秀」で「完璧」な主人公の物語よりも、「不完全」で「弱い」主人公の物語のほうが人々から愛されるのは、こうした理由があるのかも知れません。

なぜ凡人が天才に勝てるのか

ここまで「カイジ」主人公の伊藤開司の「ダメさ」について語りましたが、最後に漫画「カイジ」のストーリーについても触れておきましょう。

「カイジ」のストーリーには作者の福本伸行先生独特の「濃いアク」がにじみ出ています。鉄骨を渡ったり、耳を賭けたり、普通ならちょっと思い浮かびそうに無いシチュエーションがどんどん登場します。それに加えて、弱い存在の主人公が強い相手に立ち向かってギャンブルで打ち負かす、ある意味で水戸黄門的なお決まりの展開ながらもディテールが圧倒的に面白く、血沸き肉躍る物語展開力には凄まじいものがあります。

敵キャラである「利根川」や「一条」といった主人公のライバルたちは、地位も金も持っていて、しかも頭が切れるという設定です。そんな相手に「クズ」で「ダメ人間」である主人公カイジが勝てたのは、単に漫画ゆえのご都合主義だったから、というわけではもちろんありません。

確かにカイジはとっさの時に見せる頭の回転が速く、機転が利くタイプで、その頭脳のおかげで見事に勝利を収めるというストーリーではあります。

しかし、ただ単に「学歴が良い」「頭が良い」みたいなタイプでは、「カイジ」に登場するさまざまな極悪非道なギャンブルを勝ち抜くことはできないでしょう。

そもそも、私たちは結構簡単に「頭が良い」などと言ってしまいがちですが、では「頭の良さ」の定義は何かと質問されれば、途端に答えにつまると思われます。

最近はテレビで「東大」ブランドがもてはやされたりしていますが、一方で「頭の良い天才」ほど、実は視野が狭まってしまう傾向も認識されています。これを**「専門偏向」**と呼んでいます。

20

【専門偏向】Professional deformation

自分の得意な分野の視点でのみ物事を観察してしまう傾向。「専門バカ偏向」と言う人もいる。

◉具体例

新型コロナウイルス対策について、感染症の専門家は経済への影響を論じないし、逆に経済の専門家は感染拡大の影響については発言しません。多くの専門家は、自分の領域においては自信満々で話せるのですが、専門外のことにはトンチンカンな発言をしてしまいがちです。あらゆる方面への影響を配慮し、バランス感覚を持って発言できる人は非常に稀です。

「頭の良さ」も決して万能の武器ではなく、専門的でありすぎることは時にデメリットでもある、と示唆するのがこのバイアスです。

優秀な人間は自分の優秀さにおぼれて視野が狭くなりがちです。

漫画「カイジ」で主人公カイジが強敵の「利根川」や「一条」に勝てた理由とは、彼らの優秀さゆえの「驕り」をうまくついた点にあります。

カイジは多額の借金を背負い、どん底まで落ち切った人間ですので、あとは自分の命くらいしか守るものもありません。よって彼は失うことを恐れる必要がありませんから、常に思い切った行動を取れるため、**「地位」や「権力」それに「金」を持っている「優秀な人」の足元をすくうチャンスが生まれます。**

そうした「見かけではない本当の力関係」が垣間見えるのが、「利根川」と対戦したギャンブル「Eカード」のルールそのものでした。「Eカード」は手持ち5枚のカードを1枚ずつ出し合い、強いカードを出したほうが勝つシンプルなカードゲームです。

カードは「皇帝」「平民」「奴隷」の3種類しかありませんが、最弱のカード「奴隷」は最強カード「皇帝」に勝つルールになっている点こそ眼目です。

「頭がよく優秀で地位も金もある」人間が見かけ上は強いのですが、「どん底まで転落しもはや失うものがないダメ人間」はそうした「優秀な皇帝」の足元をすくうのです。

私たちはつい「頭が悪いから」「顔がよくないから」「お金がないから」などと自分の現在の境遇を否定的に考えてしまいがちですが、本来それは合理的な判断とはいえないものです。「あらゆる要素を総動員して目的を達成する」という強い意志があれば、どんな状況でも打開策が見つかります。漫画「カイジ」もまた同様の真実を語っているともいえます。

「社会的な強者はむしろ愛されにくい」という先に述べた心理現象からも類推される通り、顔や地位や名声や金銭など現状を構成する要素はそれ自体としては単なる要素に過ぎず、それらがどういう意味や価値をもっているかを簡単には決められません。

ある人の人生において「頭が良い」ことが不幸の種になる、「美人である」がゆえに危険な目に遭うなんて現実にいくらでもあり得ます。最終的な有利不利が現時点ではよくわからないため、手持ちの「カード」が良いカードなのか悪いカードなのかを判断できませんし、それを気にしていてもゲームに勝つという点ではまったく生産的ではありません。

むしろ自分の手持ちカードは「良くも悪くもこれこそが自分というものだ」と開き直って「業の肯定」をしてしまえれば、「皇帝」を撃つための秘策が見えてくるのではないでしょうか。

漫画「カイジ」が人々から熱狂的に愛されているのは、こうした人間の本質にきわめて近いところで物語が成立しているからだと考えられます。

「勝ったらいいな……じゃない！勝たなきゃダメなんだ！」というカイジのセリフではありませんが、**「現状を肯定する意志」には所与の条件をひっくり返すような絶大な威力があると筆者は考えています。**

第4章

言葉は人を騙す

昔話　浦島太郎

むかしむかし、あるところに浦島太郎という漁師が年老いた老婆と2人で暮らしていました。

ある日、浜辺で子ども達が1匹の子ガメをつつきまわしているのを見たので、太郎が助けて海へ逃がしてやりました。

しばらくたったある日、太郎が海で釣りをしていると大きな亀がやって来て、むかし助けてくれたお礼にと、海の中の竜宮へ太郎を連れて行ってくれました。

竜宮では美しい乙姫さまが太郎を大歓迎。魚たちの踊りや素敵なご馳走でもてなしてくれたので、太郎は楽しい毎日を過ごしました。

しかしそうして何日も過ごしているうちに、太郎は村にひとりで残してきた老婆が気になり、だんだん元気がなくなってしまいました。

それを察した乙姫さまは太郎が村へ帰るのを許可すると、「決して蓋を開けてはならない」と言って玉手箱を渡してくれました。

太郎が亀の背に乗って村に帰ると、自分の家はおろか村の様子がすっかり変わっていて、太郎の知っている人は1人もいなくなっていました。

太郎が竜宮で過ごしている間に、地上では何十年もの時間が経っていたのです。

困った太郎は、乙姫さまに貰った玉手箱のことを思い出し、蓋を開けてみました。

すると、中から白い煙が出て、たちまち太郎は白いひげのお爺さんになってしまったのです。

散々、浦島太郎を接待し、信用させておいて、開けてしまったら浦島太郎の身の破滅をもたらすような危険な玉手箱を渡すところを見ると、乙姫さまの人間性には疑問符がつけられそうです。

しかも**わざわざ「開けるな」と言って玉手箱を渡すあたり、非常に人が悪い**なと筆者などは思ってしまいます。

「開けるな」というのは、いかにも浦島が開けたくなるような言い方で、乙姫さまは確信犯的に「罠」をしかけたと見ることもできそうです。

人間とは不思議なもので、**「開けるな」と言われると開けたくなりますし**、ダチョウ倶楽部のネタではありませんが、**「押すなよ」と言われると押したくなる**ものです。

言葉には必ず表と裏両方の意味があり、ぱっと見の意味をそのまま信じるとあとで痛い目にあったりします。

乙姫は太郎を誘拐し、時間軸を操作してもてあそんだ後、自分を裏切ったと見

るや老人にしてしまった「悪女」だと筆者は考えますが、皆さんはいかがでしょうか。

それにしても、なぜ浦島太郎は乙姫さまの言葉を疑わなかったのでしょうか。人を疑うのは「良くない」ことかもしれませんが、疑わずに騙され、痛い目を見るのが良いことだとは筆者には思えないのです。

「キレイごと」はなぜ売れないのか

■「SDGs」実は流行っていない?

ここ数年「SDGs」という単語をよく見かけるようになりました。

SDGsとは「Sustainable Development Goals(持続可能な開発目標)」の頭文字を取った略語です。2015年の国連総会で採択された「Transforming our world : the 2030 Agenda for Sustainable Development(我々の世界を変革する:持続可能な開発のための2030アジェンダ)」と題した文書で示された、2030年に向けた具体的な行動指針(17の目標と169項目の達成基準)を指しています。

「貧困をなくす」「飢餓をゼロに」など主に発展途上国を想定する目標から、「平和と公正を

「SDGs」に言及した書籍・雑誌の数

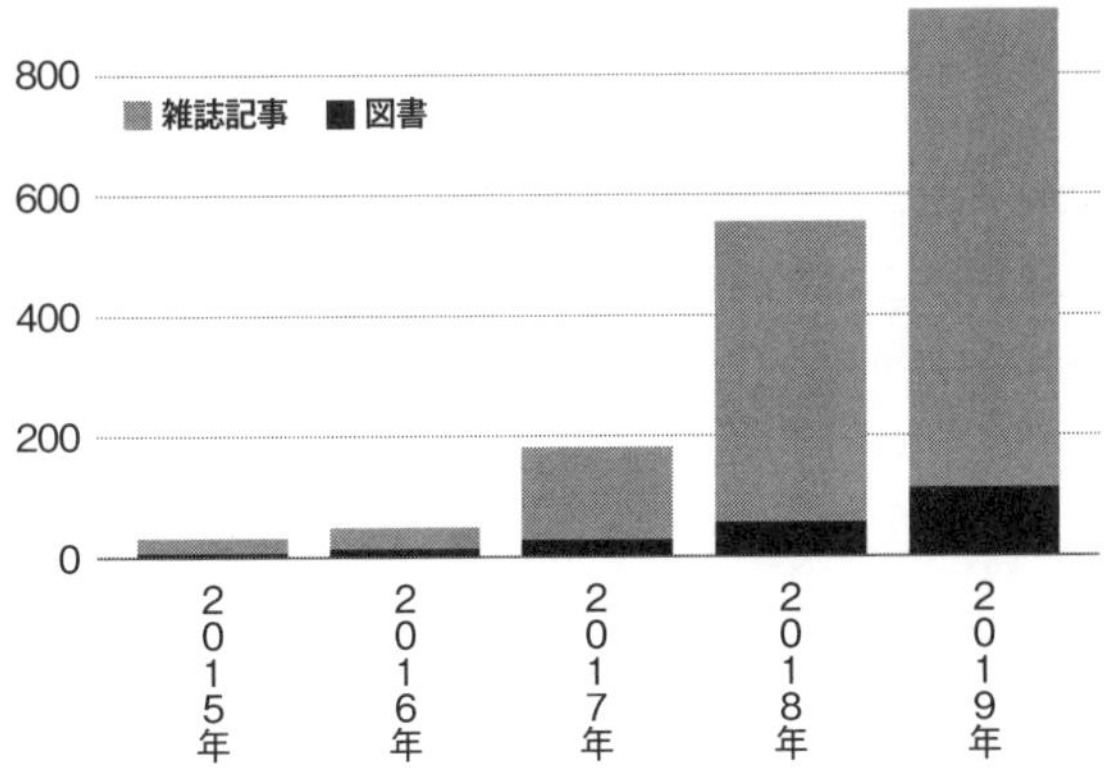

すべての人に」「海の豊かさを守ろう」「ジェンダーの平等」など先進国も実現しなければならない目標までバラエティーに富んでいます。

国会図書館で検索すると、２０１５年から２０１９年にかけて刊行された図書、雑誌記事の中で「ＳＤＧｓ」が含まれる件数は、グラフのように推移しています。

２０１５年には図書は7冊、雑誌記事は26本のみでしたが、たった5年後の２０１９年には図書は約16倍の１１１冊、雑誌記事は約31倍の７９６本に増えました。

図書、雑誌記事の伸びが示すように、ＳＤＧｓが熱いと言われています。率先してＳＤＧｓに取り組んでいる企業も多く、ＳＤＧｓに関するプレスリリースが飛び交っています。

例えば石油から作られるプラスチックは、その生成時に大量の温室効果ガスを排出しますし、また自然分解されないので投棄されたプラスチックゴミによって深刻な海洋汚染が発生していると言われています。

ＳＤＧｓの目標を達成するために製品の「脱プラスチック」化が必要だという流れがいま生まれつつあり、国内ではスターバックスがストローを紙製に変更、ユニリーバ・ジャパンが再生プラスチックを導入したほか、ネスレ日本が商品外装を紙に切り替えると発表しています。また7月には全国の小売店で袋の有料化が始まっています。

このように各企業はＳＤＧｓの導入に目の色を変えているのですが、本来は儲かるわけでもない環境対策に各企業が前のめりになって取り組んでいる理由は別にあります。

その理由のひとつが**「ＰＲＩ（責任投資原則）」**です。２００６年に当時のアナン国連事務総長が提唱したもので、機関投資家の意思決定プロセスに「ＥＳＧ課題（環境、社会、企業統治）」を反映させるべきというガイドラインです。

どういう内容か。平たく言ってしまえば、**ＥＳＧ課題の解決に取り組んで「いない」企業には投資「しない」よう推奨するガイドライン**です。

２０１６年には、「世界で最も影響力のあるＮＰＯ」と言われているロックフェラー財団が、化石燃料関連業界への投資を中止し、米石油メジャー最大手・エクソンモービルの株式を売却すると発表して世界を驚かせました。

そもそもロックフェラー家といえば、スタンダードオイル社を通じて石油ビジネスを支配することで巨万の富を築いた一族だったはずですが、その**ロックフェラー家ですら石油産業は持続的でない**といって見放しはじめているのが現状です。

投資家がもうすでにＳＤＧｓの方向に動きはじめているので、企業としても対応しないわけにはいかなくなっているのが実情だと思います。

ただ、私たち個々の消費者は「ＳＤＧｓ」に対して「盛り上がり」を感じているでしょうか。世界経済フォーラムによれば、日本で「ＳＤＧｓ」という言葉を聞いたことがあると回答した人の割合は49％で28カ国中最下位、よく知っていると回答した割合は８％で同じく28カ国最下位でした。

数字を見る限り、少なくとも日本の一般消費者の間で「ＳＤＧｓ」が盛り上がっている状況ではどうやらなさそうです。

むしろ筆者の実感としては「ＳＤＧｓ」に対して**「よくわからないけど、どうせキレイごとにすぎないんでしょ」**といった冷笑的な態度の人のほうが多いのではと思っています。

一般企業だってやらなければデメリットがありそうな状況が生まれて、はじめて本格的に取り組むようになったのですから、一般消費者にとってメリットもデメリットもよくわからない今の状況下で、「ＳＤＧｓ」というお題目だけ見せられても態度を決めかねる、というのが実情ではないでしょうか。

なぜ私たちは「ＳＤＧｓ」に対して「キレイごと」であると感じ、冷笑的な態度を取ってしまうのでしょうか。

まず大前提として、「ＳＤＧｓ」は国連という組織が定めた方針で、一人ひとりの消費者は策定にはかかわっておらず、決まったことを「上から目線」でただやれと言われているだけです。

国連の方針は各加盟国の代表が参加し、長い議論を経て定められています。日本人としても、自分たちが選んだ政府の決めた方針でもあるので、民主主義を守るなら「ＳＤＧｓ」に従うべきなのかもしれません。

ですが、１人ひとりの消費者にとっては全くの「他人事」です。急に「ＳＤＧｓを達成しましょう！」と言われても、**「知らんがな」「私ひとりが守らなくても、全体には影響を及ぼさない気がする」**と「他人事」で済ませてしまうでしょう。

中には**「私はコロナ問題で大変でそれどころじゃない！」**と言い返してくる人もいるかもしれません。

納得さえすれば人は自ら動くものですが、「ＳＤＧｓ」のような良いテーマであっても、納得してもらえず、人の行動につながらなければ、それは「キレイごと」です。

納得を生むのは理屈だけではありません。ロジカルに**「これは世界にとって素晴らしい理由」「あなたが行動すれば得をする理由」**を説明しても、人が動くとは限りません。

そこで、人が動く理由を読み解く行動経済学の出番です。人が動くのは（損得）勘定だけとは限らない、感情、心も関係するというのが、行動経済学が明らかにした原則です。

「ＳＤＧｓ」をみればわかるように、「キレイごと」というのは「合理的」で「ロジカル」なものであることが大半ですが、人は「論理」だけでは心を動かされません。

むしろ、「感情」「心」を動かされなければ、人は「キレイごと」を私の問題すなわち「自分事」と捉えて行動に移すことはありません。

昔から人は「理」よりも「感情」で動く生き物だったではありませんか。

■人は「ストーリー」で動く

現状まだまだ盛り上がってはいないSDGsを盛り上げるために、手っ取り早い方法をひとつ挙げるとするなら、筆者はまさに「感情」に訴えることが必要だと思います。

その1つが**「身元のわかる犠牲者効果」**として知られる心理現象を活用する方法です。

21

【身元のわかる犠牲者効果】Identifiable victim effect

被害者が「特定可能な個人」の場合、そうで無い場合と比べて、はるかに強い反応を示す傾向。「人数の大きさ」よりも、たった1人のストーリーに人は興味を惹かれます。

ナチス政権下のユダヤ人大量虐殺に直接的関与したアドルフ・アイヒマンは、自身の戦争裁判に対して「1人の死は悲劇だが、集団の死は統計上の数字に過ぎない」という言葉を残しました。大勢の死は単なる数字ですが、たった1人の死は人々の心を激しく揺り動かします。

◉具体例

毎年アメリカにおいて発生する１００万人の死者は、単なる統計上の数字としてしか理解されませんが、「マーティン・ルーサー・キング・ジュニア」たった１人の死は、アメリカ社会を大きく変えました。

新型コロナウイルスによって亡くなられた人数は日々更新されていきましたが、コメディアンの志村けんさんが亡くなられた時、未知のウイルスに対する恐怖や怒りの感情が日本人の間に強くかき立てられました。

人間の感情は「数字」では動きません。**具体的なストーリーを見て「頭」よりも「手足」よりも、「心」が先に動く**のです。

先ほどご紹介したドキュメンタリー番組「ザ・ノンフィクション」が人気なもう1つの理由が、同番組が「強烈な印象を残す具体的な人生のストーリー」を描いているからでもあります。

「孤独死」は日本でも徐々に社会問題として認知され始めています。実際、年間2万件を超えるとも言われるほど、社会的に行政的にも大きな問題です。しかし、2万という数字のインパクトを私たちはいまいち実感できていないのではないでしょうか。

ところが、世界最大の広告コンテストであるニューヨークフェスティバルにおいて、2014年に「孤独死した人の部屋を片付ける特殊清掃人」に焦点を当てた作品が、金賞を受賞しました。（2013年1月20日放送「特殊清掃人の結婚？〝孤独死〟が教えてくれたこと」）

2万人という数字よりも、ひとりのストーリーに焦点をあてるほうが人の気持ちは動かされたのです。

つまり、「SDGs」は1人ひとりの消費者の具体的な生活とは接点がない「キレイごと」なのです。ならば貧困や差別に苦しんでいる具体的なひとりの人生に焦点をあてて、「この子の生活環境を向上させてあげましょう」というプロモーションを展開すると、人々の注目を集めやすいと思います。

ただ、こういった手法には注意が必要です。

強い共感を呼び起こすために１人の人生に問題をしぼっていけばいくほど、視野の狭い、偏った扱い方にならざるを得ないからです。

２００５年、スーダンではダルフールにおける民族浄化問題が発生していましたが、アメリカではオランダ領アルバに観光で訪れたナタリー・ホロウェイさんが忽然と姿を消した事件で持ちきりとなり、スーダンの事件を圧倒的に上回る量の報道がなされていました。

したがって、客観的で公平な議論が必要な政策立案などの場面においては、具体的な犠牲者のストーリーに基づいた議論「のみ」にとどまらず、統計を用いてできるだけ冷静な議論を行うような環境を用意すべきです。

■感情は論理を超越する

ほかにも「キレイごと」への冷笑的な視線をのりこえ、消費者の感情を揺さぶっていく方法がもう１つあります。

対象に共感を抱くと論理的に考えられなくなる**「感情移入ギャップ」**と呼ばれる傾向を利用する方法です。

22

【感情移入ギャップ】Empathy gap

「まさか自分はそんな風には思わないだろう」と考えていても、いざ当事者になってみると思いもよらなかったような感情を抱き、行動してしまう傾向。つまり現在の感情が、かつての判断・感情を「無かったこと」にしてしまっている。

◉具体例

お腹が満腹の状態で「明日からはダイエットを頑張ろう」と決意を新たにしても、いざお腹が減るやいなや暴食してしまう。昨日のやる気や、太っている自分への怒り、腹立ちの感情はどこかに消えてしまい、今の空腹感がすべてに勝ってしまうのです。

ニューヨークのウォール街に巨大な雄牛の銅像が設置されています。
雄牛を表す英語のブル（bull）には金融用語として「強気で買い注文を入れる人」という

意味もあるそうで、その意味に引っ掛けて「相場が上昇し続ける」ことを願って建てられた銅像であり、ウォール街の名所として知られています。

２０１７年、この巨大な雄牛の向かいに「恐れを知らぬ少女（Fearless Girl）」と題した少女像が3月8日の国際女性デーの前日にそっと設置され、大きな話題を呼びました。

設置したのは米大手資産運用会社で、女性役員が多いなど、女性が活躍する企業の株式ばかりを集めた「ＳＨＥ」という新しい株式ファンドのPRの一環として設置したのでした。

要するにこの大手資産運用会社は、**雄牛を「マッチョな男性社会のシンボル」と見立てて、それに対抗する少女の像を設置し、女性活躍ファンドの宣伝に役立てようとした**のです。

「男女差別のない社会の実現」「社会への女性参画の推進」はそれこそ「ＳＤＧｓ」を構成するテーマでもある、要するに「キレイごと」です。理解はできますが、じゃあ具体的に行動を起こすかといえば、大抵の人はなかなか行動には移せないのではないでしょうか。

この大手資産運用会社は、そうした「論理」を超えて「マッチョな男性に抵抗する少女」という具体的な図式を、具体的な「少女像」として提示し、大きなセンセーションを巻き起こすことに成功したのです。

もともと雄牛は「金融相場の元気の象徴」であり、性差別的な意図は全くありませんでした。もともとの雄牛像の製作者はかなり怒っているそうですが、それとは別に「恐れを知らぬ少女」はまたたく間に観光スポットとなり、ツイッターでは46億回、インスタグラムでは7億4500万回も表示されたそうです。

「恐れを知らぬ少女」に多くの人々が感情を強くゆさぶられた証左です。

「すごく好きだ」「最高に素晴らしい」という風に感情を揺さぶられてしまうと、人間は論理的な判断ができなくなってしまいがちです。

像を設置した米大手資産運用会社の親会社においてさえ、11人中たった3人しか女性役員がいませんでしたので、少なくとも「マッチョな男性社会」を「男女共同参画社会」に作り替えることはアメリカにおいてもまだまだ難しい課題であり、まさに「言うは易く行うは難し」なのが実情でした。

ですが、**「恐れを知らぬ少女」像については、そうした冷静な論評のほとんどは無視されてしまいました。**

逆に言うと、冷静に検討すればデメリットを指摘できるような商品であっても、強い共感を呼び起こすことに成功すれば、そうした欠陥とはもはや無関係に「熱狂」を巻き起こせるのです。

「恐れを知らぬ少女」像

「共感」は、企業活動にとってもはや欠かせない要素だと筆者は考えます。

「ＳＤＧｓ」の掲げる理想は素晴らしいのですが、個々人にとって「ＳＤＧｓ」を実現するメリット・デメリットを実感しにくいため「よう分からんわ！」といった反応になりやすく、単なるキレイごとで終わってしまいがちです。

いろんな企業が取り組んでいるとか、政府が普及活動を行うといったニュースに接すると、それ自体がものすごく嘘臭く感じてしまうほどです。

嘘臭く感じるものに人はますます共感を覚えませんし、共感できない以上は１人ひとりの消費者がみな「ＳＤＧｓのデメリット」を論理的かつ冷静に考えてしまう状態ですので、「熱狂」とは程遠い状況が続いているのではないでしょうか。

■警戒心をいかに解きほぐすか

ではどうすれば「SDGs」の「嘘臭さ」を消し、かわりに「共感」を生むことができるでしょうか。

ヒントになると筆者が感じているのは、Youtubeで流行っている「モーニングルーティン」「ゲット・レディ・ウィズ・ミー」です。ご存知ない方もいらっしゃると思いますので説明しますと、読んで字の通り毎朝の習慣や身支度の風景を撮影しただけの動画です。今、Youtubeでこうした日常系動画が人気を集めています。

ほとんどの動画はスタジオではなくYoutuberの自宅で撮影されているので、動画に生活感が滲み出ているのが面白く感じます。**いつも使っている化粧品を解説したりしている最中に、映像が少しだけ見切れて、その部屋にある小物などが映るのがリアル**なのです。

つまり、「モーニングルーティン」は**「嘘くさい作り物としてのキレイごと」の対極**に位置すると言えます。

テレビのバラエティー番組などの人工的に作られたコンテンツに対して、若い人ほど「嘘っぽい」と感じて忌避する傾向があります。

一方で、先にも触れたようにドキュメンタリー番組の「ザ・ノンフィクション」の人気や、ＮＨＫの「ねほりんぱほりん」といった番組の人気ぶりからもわかるように、「嘘くさくない」コンテンツに「共感」し「熱狂」する人がたくさんいます。

素晴らしい理想だけでは、もう人は納得しない時代なのかもしれません。１人ひとりの「感情」を揺さぶるように、「共感」を生む仕組みを用意していかないと、せっかくの高邁な理想も無駄になってしまうのではないでしょうか。

なぜ、あなたたちのブランドがＳＤＧｓに取り組まなければならないのか。そうした背景も語られぬまま、また誰が実際にどれくらい困っているか分からないままに、地球に良いことをしましょうと主張しても、それを実行したいと思う人はいないでしょう。

消費者を「熱狂」させる仕掛けがないまま理想に接すると、人は「私たちを騙そうとしているんじゃないか」という冷静で論理的な判断によって行動してしまうのです。

だからこそ**「キレイごとではモノは売れない」**のです。

「煽り文句」はなぜ刺さるのか

■「上級国民叩き」突然の大流行

２０１９年4月、東池袋で当時87歳の男性が起こした自動車暴走死傷者事故は、２人死亡、10人負傷という大きな事故でしたが、単なる高齢者の運転ミスによる事故というレベルを超え、大きく報道されることになりました。

そうなった理由の１つは、車を運転していた男性が元通産省のキャリア官僚だった点にありました。男性は通産省を退官した後も業界団体の会長や、大手機械メーカーの取締役といった要職を歴任し、２０１５年には瑞宝重光章を受勲した、いわばエリート中のエリートでした。

もう１つの理由は、事故を起こしたのがこの男性であることは明らかだったのに、なかなか逮捕されなかったので、元キャリア官僚に警察が「忖度」しているといった「憶測」を呼んだという事情がありました。

事故の２日後に同じく高齢者による交通死亡事故が発生しましたが、こちらのほうは運転手が現行犯逮捕されたので、**「国家権力は身内に甘い」「ダブルスタンダードだ」**といった批判を巻き起こしてしまいました。

つまり事故を起こした男性が「上級国民」だから、不当に優遇されていると思われてしまったのです。ネットだけでなくワイドショーでも批判の声が広がり、「上級国民」は２０１９年の新語・流行語大賞候補にノミネートされました。

そもそも「上級国民」という言葉が一般的に使われるようになったきっかけは、２０２０年東京オリンピック・パラリンピックの公式エンブレム騒動がきっかけでした。

選考委員が選んだエンブレムのデザインが、先行するデザインに酷似しているという指摘があり、決定したエンブレム案を撤回することになりました。しかし、その記者会見の席上で、五輪組織委員会の武藤敏郎事務総長が、「専門家にはわかるが、一般国民は残念だが理解しない」と「失言」してしまいます。

この発言が「一般国民」として扱われた「普通の日本国民」の反感を買い、商業デザインにおける一種の「選民思想」を揶揄する言い方として「上級国民」なる言葉が使われるようになりました。つまり、もともとの使われ方においても「上級国民」という言葉には「権力者への嫌味」が込められていたのです。

ですが、池袋の暴走事故後に広がった「上級国民叩き」の激しさは単なる嫌味のレベルを大きく超えていたと思います。

当時、安倍首相に近いジャーナリストに対して暴行容疑で逮捕状が取られていたにも関わらず、首相に近い官僚の手によって逮捕状がもみ消された、という「疑惑」が別にあったのですが、その事件も引き合いにして**「上級国民」は「何をしても罪に問われないような絶対権力者」**かのように言及する記事が大量に出現しました。

ベストセラー作家の橘玲さんが『上級国民／下級国民』と題した書籍を刊行すると「いったん『下級国民』に落ちてしまえば、『下級国民』として老い、死んでいくしかない。幸福な人生を手に入れられるのは『上級国民』だけだ」という言葉に熱狂的な支持が集まり、たちまちベストセラーになりました。

■人は「極論」に飛びつく

ただ、実際のところ「上級国民」なら逮捕されないと言うのは、極端な陰謀論ではないかと思います。池袋暴走事件においても警察が逮捕しなかったのは「容疑者が高齢で、また入院しており、逃亡の恐れもなかった」からだと説明されていました。

その後容疑者は在宅起訴されており、司法の手続きが取られているのは間違いありません。ほかにも事件以降に逮捕された国会議員もいますので、**「上級国民」は罪を免れるというのは幻想に過ぎない**とわかります。

ただ一方で「上級国民なら罪を犯しても逮捕されない」という言説には、一般的な日本国民を「熱狂」させる力があったことは間違いありません。

『上級国民／下級国民』がベストセラーとなった橘玲さんは週刊誌の取材に対して「何らかの忖度はあったのではないか」と述べておられますが、こうした見方のほうが一般に広がりやすかったのは事実です。

私たちはどうも「極論」が大好きなようです。

本来なら発生する確率が低い事象にもかかわらず、それが起こりうるかのように考えてしまう傾向を**「誇張された予想バイアス」**と呼びます。

23

【誇張された予想バイアス】Exaggerated expectation bias

実際には起こりにくい「極端な想定」が、現実に発生すると考えてしまう傾向。先んじて入手した情報を誇張して受け止めてしまうのです。現実は、想像ほど深刻ではないことも多く、極端なケースばかり起きるわけではありません。

◉具体例

「大地震が起きるかもしれないから家は買わないほうがいい」「事故にあうかもしれないからバイクには乗らないほうがいい」などと考えてしまう場合がありますが、起こる確率が極端に低い最悪の事態のことばかり考えていると、正しい判断ができなくなってしまいます。

新型コロナウイルスを受けて最悪の事態に備える重要性が叫ばれていますが、一方であらゆる事態において「最悪」に備え続けると、「最悪」が起きなかった場合に肩透かしを食らうかもしれません。

「事実は小説より奇なり」といいますが、**実際には人々が事前に想定する「極論」よりも現実は穏当すぎて面白くない**ことのほうが多いと思います。

池袋暴走事件では当初、なぜ容疑者を逮捕しないのかについて警察からの公式発表がなかった点が、様々な憶測や「陰謀論」を許容する土台になりました。警察側もできる限り積極的な情報公開を行っていれば、一般国民のあいだでこれほど「上級国民叩き」が広がることはなかったかもしれません。

目に見えている範囲の出来事だけが事実ではありませんが、捜査の都合で公開されていない事実の存在を無視したまま、「上級国民は逮捕されない」と短絡的な結論に飛びついてしまったのではないかと思います。

自分が知っている範囲内だけで議論する傾向を**「共有情報バイアス」**と呼びます。

24

【共有情報バイアス】Shared information bias

ある集団内で既に共有されている情報については議論されるのに、共有されていない情報については議論されない傾向。集まったお互いが「何を知らないか」を「知らない」ので、情報共有がされないまま意思決定に至る場合があります。特に緊急事態においては共有をしている時間もないので、お互いが「知っている前提」で話し合い、さらに混乱を招くのです。

◉具体例

「将来、私たちのビジネスはどうなるか」といった未知の物事が多い議題は議論が進まず、「今のオフィスより賃料が安い物件に引っ越すべきか」「駐輪場代金を会社で支払うべきか」といった具体的で既知の物事については議論が盛り上がります。

「元キャリア官僚が事故を起こしたが逮捕されていない」という点だけが共有されていて、「上級国民の犯罪が実際はどう取り扱われてきたのか」「捜査情報のうち共有されていないものがあるのか」については共有されないまま、「上級国民叩き」ブームが過熱していきました。

情報がすべて公開されている状態なら、たとえメディア等による「煽り」があったとしても一般国民がここまで盛り上がることもなかったのではないかと思います。

■「情弱」はカモにされやすい

広告作りの方法として「煽る」という方法が知られています。

たとえば**「世間で話題！　知らない人はかなりヤバい！」「これからの時代、英語ができない人は負け組！」「アフターコロナではリモートワークできない奴は終わる！」**といったように、消費者の危機感を煽って商品を売っていくスタイルの広告をよく目にします。

こうした広告は、作り手と受け手の間における「情報の非対称性」を利用しているので、実際には広告でうたっているように「芸能人の間で大人気！」のような事実が本当にあるかどうか、少なくとも広告内の情報だけでは検証できません。

「英語ができなければ負け組」のような広告であっても、「これからの時代がどうなるか」など誰にも確実なことはわかりません。「英語ができなければ負け組」というのはかなりの極論というべきです。

ですが、こうした広告手法がきわめて一般的に採用されているのは、先にあげた「誇張された予想バイアス」等によって、**消費者は極論に飛びつきやすいという構造**がまずあり、その構造を広告の作り手側は経験を踏まえて「洞察」しているからだと思います。

ただ「極論」が成立するためには、「上級国民叩き」の例で見たように、正しい情報が共有されていない、限定された情報だけで判断している、という状況が必要になります。

つまり、「煽り」が成立するためには消費者に与える情報を一定程度制限することになりますし、逆に消費者が「煽り」に騙されないためには、なるべく情報をあつめて高いリテラシーを持つほうが良いと言えるでしょう。

特にＩＴを使いこなすのが苦手で最新情報にうとい人を「情弱（情報弱者）」などと揶揄する言い方があります。主に、情報を主体的に収集して活用する力が低い人を指します。

２０２０年１月に発生したコロナウィルス関連のデマに惑わされマスクやトイレットペーパーを買い占めてしまうのも、正しい情報を持っていないことがひとつの原因になっていました。

最近は下火になった感もありますが、投資情報などをパッケージにして高額で販売する「情報商材ビジネス」が流行し、その時に「カモ」にされたのは、こうした「情弱」とみなされがちな人々でした。

「情弱」と認定される人々は、情報商材の内容は本当に価値があるのか、怪しい業者ではないのかについて自分で情報収集して判断していくのが苦手だとされていて、こうしたビジネスのターゲットになりやすかったのです。

自分が「情弱」かどうか、そもそもあまり関心がない人も多いかと思いますが、**あやしい業者に不当に搾取されないためにも、今日の消費者は一定程度の「リテラシー」を持っていることが否応なしに必要な時代になっている**のは間違いありません。

ある情報を私たちが信じてしまう背景には、おもに3つの理由が関係すると言われています。

・「専門家」と呼ばれる人によって解説されている
・具体的なデータが「証拠」として提示されている
・ネットを含むメディアによって、多くの人に伝達されている新型コロナウイルス問題についても様々な「専門家」が多くのメディアに登場し、それぞれの持論を語っていますが、それによって消費者の間に混乱が生じているのも先に述べた通りです。

ある意味、真実とは専門家の数だけ存在するのが現実ですので、どの意見を採用すればいいかは、結局は消費者が個別に判断していくしかありません。

また、私たちは「データ」を提示されるとつい信用してしまいがちなのですが、都合のいいデータだけを提示する、ひどい場合にはデータが偽装されているなんて場合もあるので、そのまま鵜呑みにしてしまうのは危険です。

大切なのは、どの情報についても頭から鵜呑みにはせず、クリティカル（批判的）に検討していく思考の癖を身につけることだと思います。

クリティカルという言葉の本来の意味は「規準に照らして判断する」です。つまり、**本来の「クリティカル・シンキング」とは「適切な規準や根拠に基づいて思考し、バイアスに依存しない」こと**ではないかと思うのです。

つぎの3つを守るよう心がければ、「煽られて」「騙されて」搾取されるのを防げるのではないでしょうか。

・専門家の意見だけでなく、自分の頭で考える
・専門的な情報を仕入れ、それが正しいかを確認する
・データが正しいかどうか、クリティカルに考える

「新しい技術」はとにかく叩かれる

■「AI美空ひばり」はなぜ炎上したのか

ＡＩ技術の進化によって、故人の顔や声、時に作品の再現が可能になってきました。故人が生前に残した膨大なデータを機械に学習させて、まるで本人であるかのようなデータをＡＩが出力するのです。

有名な例で言えば、キオクシア（旧東芝メモリ）、手塚プロダクション、ＡＩ関係者らが協力し2020年2月に発表された「ＴＥＺＵＫＡ２０２０」プロジェクトがあります。「手塚治虫らしさ」を学習したＡＩが、プロットやキャラクターの顔を自動的に生成、最終的に人間の手で調整を加えて『ぱいどん』という「手塚治虫没後の新作」が誕生、週刊青年誌「モーニング」に掲載されました。多くの反響を呼んだのは記憶に新しいでしょう。

スペインの天才画家、サルバドール・ダリの作品を集めるダリ美術館が製作した「ＡＩダリ」も有名です。

こちらはスーツを着た「ＡＩダリ」がダリの作品を解説する映像作品なのですが、一見して本物そっくりです。

「ＡＩダリ」の製作方法も他のプロジェクトと基本的には同じです。ダリが生前残した数百本のインタビュー映像、記録映像を収集し、それをＡＩに学習させて「ダリの顔」を生成、ダリと身体的特徴がよく似た俳優にスーツを着せ様々な動きを撮影し、この俳優の体に、ＡＩが生成した「ダリの顔」を合成したのです。

これは「ディープフェイク」とも呼ばれている技術で、本物の映像の「顔」だけを誰か別の人物に差し替えることが可能になってきています。

新型コロナウイルスの影響でテレワークが基本の働き方になっている人も多いでしょうが、ｚｏｏｍなどのテレビ会議で自分の顔を映す場合に、**「オバマ大統領の顔に変える」「動物に変える」なんてことが当たり前**に行われています。

ＡＩが自動生成した「フェイクの顔」は、元の顔にあわせて、怒ったり笑ったりしますので、1つひとつ手作りで画像を作り込む必要がないのが特徴です。ディープフェイク技術を使えば、トランプ大統領の映像を「偽装」して、「これから戦争を始める」「核兵器を撃ち込む」などと発言させることだって可能です。

技術の使用のありかたとモラルについて、大いに議論が必要になるでしょう。

中国では映画の主人公の顔を自分の顔などに差し替えることができるアプリが登場しましたが、著作権違反の恐れがあるためアプリストアから直ぐ削除されてしまったようです。

さて、2019年9月29日に「NHKスペシャル　AIでよみがえる美空ひばり」という番組が放映され、日本中が騒然となるという事件がありました。

NHKやレコード会社に残っていた膨大な音源や映像を元に、「ディープラーニング」の手法を活用したヤマハの歌声合成技術で製作された「AI美空ひばり」が「あれから」という新曲を歌い上げました。

「柔」「愛燦燦」「川の流れのように」ぐらいしか美空ひばりの曲を知らない著者も「あれから」を聞きましたが、**声の柔らかさと温かさがよく表現されていて、AIのすごさを改めて認識させられました。**

同番組が大きな反響を呼び起こし、その勢いを駆って19年暮れの紅白にも「AI美空ひばり」が出場しました。

しかし、紅白歌合戦の視聴者からは戸惑いや批判の声が数多く寄せられます。特に歌手の山下達郎さんがラジオに出演した際に、「ＡＩ美空ひばり」は「故人に対する冒涜」と発言したことは、大きな話題となりました。

「ＡＩ美空ひばり」に対して「ＡＩ技術の凄さ」を認識する人がいた一方で、ＡＩが再現した声やビジュアルを「気持ち悪い」と感じる人もまた一定数いました。山下達郎さんのように否定的な見解を述べる人が少なからずいたため、「ＡＩ美空ひばり」は炎上してしまいました。

なぜこうした反応になってしまったのでしょうか。

■イノベーションに対する「愛」と「憎しみ」

技術とは本来人間の幸福のために活用すべきものだと思いますが、所詮は人間の生み出したものに過ぎません。技術でなんでも解決できると考えるのは早計です。

ですが人間には**「イノベーションによって社会が良くなる」**という楽観的な見方をしがち

だと知られていて、これを**「イノベーション推進バイアス」**と呼んでいます。

25

【イノベーション推進バイアス】Pro-innovation bias

実際には弱点や限界があるにもかかわらず、社会全体が新技術の有効性を過剰に楽観する傾向。イノベーションが起きれば社会が良くなると勝手に評価しがちですが、そのイノベーション自体が起こる確率も低く、「ぬかよろこび」となるケースは多いのです。

◉具体例

「高速増殖炉が実用化されればエネルギー問題はなくなる」などとかつては言われていましたが、残念ながらいまだに実用化されていません。「インターネットが社会に浸透すればオフィスが不要になる」と言われていました。たしかに新型コロナウイルスの影響でテレワークが推進されていますが、一方テレワークできない仕事の存在も再認識されており、オフィスが完全に不要になることはなさそうです。

まさにＡＩが今実現しつつあるように、既存の社会を一変させるような「イノベーション」となる新技術も次々と生まれていますので、そうした新技術に期待するがあまり、ついつい「過剰評価」してしまうケースもあると思います。

数年前より「次はこの技術が来る」といった紹介をされていた技術のなかにも、実装のハードルが思ったより高かったり、あるいはコストの問題があったりという理由で、実用化にはまだまだ時間がかかりそうな技術もたくさんあります。

自動車の自動運転技術など、ＡＩ関連の技術はその一例かもしれません。

障害物を認知してスピードを落とす、車間距離を一定に保つなど、運転の一部を自動化した車はすでに実用化されていますが、運転手を載せずに自律走行するような車が実用化されるのはおそらくまだまだ先の話だろうとも言われています。

シリコンバレー発のＡＩが明日にも世界を一変させるような、まさに「イノベーション推進バイアス」に満ちた紹介の仕方が一時は溢れかえっていましたので、明日にも社会は変わるんじゃないかと思われている人も多いでしょうが、そんなはずはなかったのです。

■「AIが仕事を奪う」という嘘

ＡＩ開発に勤しんでいるエンジニアの多くは「自分たちが社会を変える」と本気で信じている一方で、メディアや世間で騒がれているような**「明日にでもAIが私たちの仕事を奪うのではないか?」と恐れている現状を「バカバカしい」と嘆いています。**

通常ならエンジニアほど新技術の推進に賛同しそうなのですが、ＡＩにおいては事情が違います。むしろＡＩの推進に前のめりなのはビジネス系の人々で、特にコンサル界隈はＡＩに過剰なほど賛同するスタンスを取っています。しかし、技術者たちがそれを見て**「過度に期待しないで欲しい」**というスタンスを取っている、という不思議な状況が生まれています。

実際、とくに数年前から「人工知能が仕事を奪う」といった書籍が書店にあふれていて、エンジニアでもある筆者は**「それは言い過ぎだ」と思って苦虫を噛み潰すような気持ち**だったと記憶しています。

ＡＩがこうした論調で語られるようになった発端は、２０１３年に英オックスフォード大学のマイケル・Ａ・オズボーン准教授（当時）らが「THE FUTURE OF EMPLOYMENT（雇用の未来）」という論文に**「10～20年以内に労働人口の47％が機械に代替されるリスクがある」**という主張を著したのがきっかけだと言われています。

数字と確率を用いた記述に、信憑性があると感じた人も多かったのではないでしょうか。

この論文では「ガウス過程分類法」と呼ばれる、正規分布を用いた回帰分析手法を使っていると説明されています。

簡単にご説明すると、まず米国・労働省が定義する７０２個の職業全てに対して、必要とされる数十個のスキルを定義し、次にオックスフォード大学内の有識者によって主体的に選ばれた70個の職業を精査して、自動化可能なら1、不可能なら0を割り振ったものを「教師データ」とします。

「教師データ」から自動化できると判断できるスキルを機械学習で発見し、それらを基にモデルを作成、最後にこのモデルを７０２個の職業に当てはめると、その職業がＡＩで自動化できるかどうかの確率が求められます。

その結果が図となります。自動化される可能性が70％を超える職業の労働人口は、全体の47％いることが分かる、という研究です。

AIで職を失う労働人口

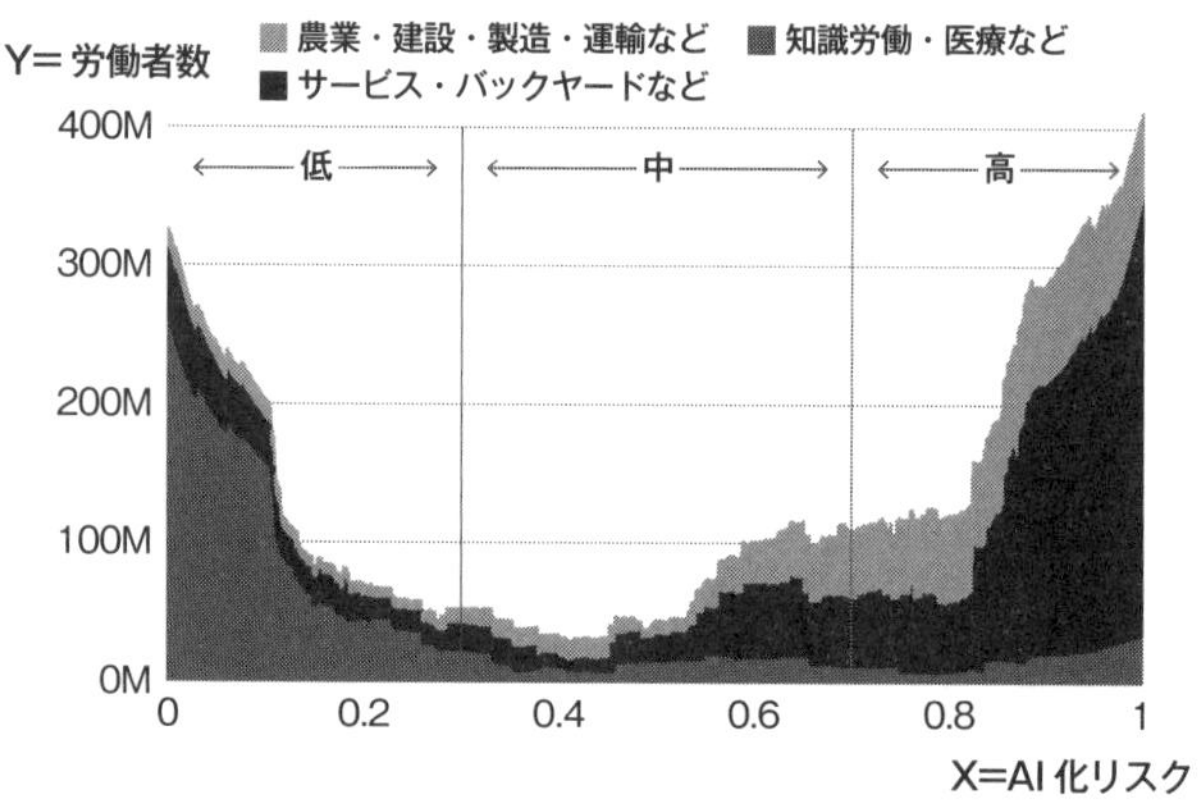

ちなみに、積み上げ面グラフの全面積が、米国における労働者人口を表しています。

X軸は「コンピュータ化の確率」、つまり右側ほどAIで自動化される可能性が高いことを意味しています。サービス系やバックヤード系職業ほど自動化する可能性が高く、知識労働系職業は自動化されにくいと判断されています。

定性的にしか評価できなさそうな「仕事がAIで自動化されるリスク」を、定量的に判断した点が非常に画期的で、この論文をキッカケに世界中で雇用と自動化の研究が行われました。

その結果、逆にオズボーン論文に対していくつかの不足点が指摘されるようになりました。

1点目は、**実際に自動化される対象は「タスク」でしかないのに、オズボーン論文ではその**

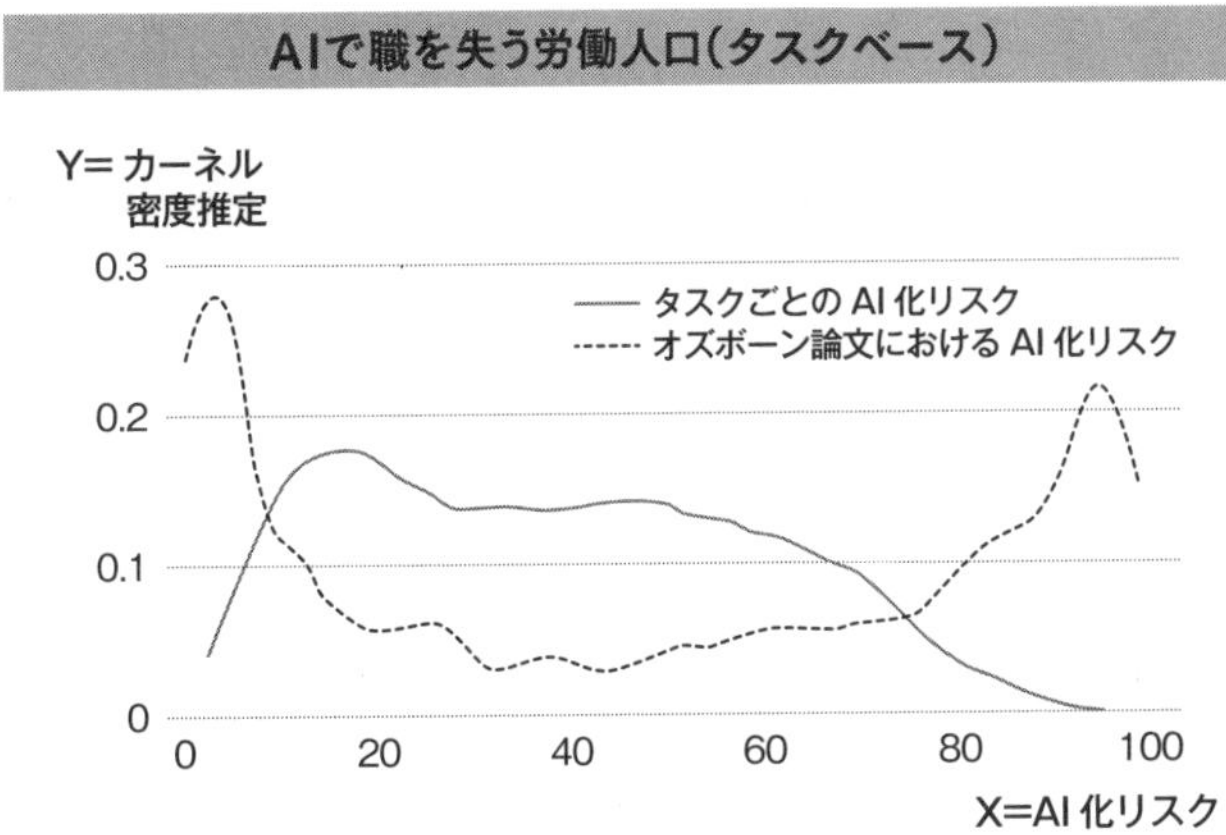

より上位概念に当たる「職業」を判断している、という指摘です。

いわば「自動運転が完成すれば、タクシー運転手は全員失業する」といったレベルの推論をしているが、そのような分析は精度が低いのではないのか、という批判がありました。

ヨーロッパ経済研究センターのメラニー・アーンツ研究員らは、こうした批判を踏まえ、職業をタスクに分解してＡＩによる自動化のリスクを検討し、「タスク」ごとのリスクを「職業」に換算する手法を採用しました。

その研究によると、ＡＩによる自動化の可能性が70％を超える職業は、経済協力開発機構（ＯＥＣＤ）21カ国の平均で９％しかないと見積もっています。

2点目は、**AIが普及することで新たなタスクや職業が生まれる可能性を全く無視しているという指摘**です。

例えば過去の歴史を振り返ってみると、コンピュータが登場したおかげで無数のタスクや職業が自動化されましたが、その分だけ、いやそれを上回るほどの職業が新たに生まれています。ですが、オズボーン論文はそうした新たな雇用について一切考慮していないのです。

こうした指摘によって、オズボーン論文の発表から既に7年以上が経過した現在、オズボーン論文はほとんど否定され、反証論文が出尽くしたような状況です。

「AI脅威論」はもはや過去の神話に過ぎません。

■「サイレントマジョリティ」に火をつける

しかしながら、AIの全てを「神話」だと断定するのもまた問題です。

新しい技術とはその真価が理解されにくいものであり、そのために過剰評価されることもあれば、過小評価されることも世の常です。そもそも社会とは急な変革には対応しきれないものですので、当然ながら新しい技術については、真っ先に適応する人もいれば、大多数が

新技術への態度の違い

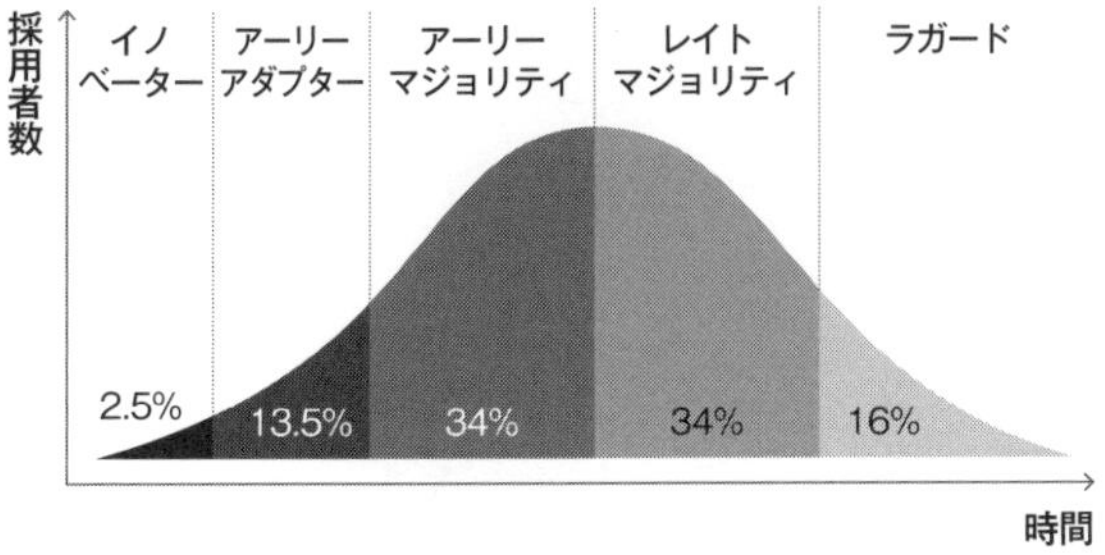

適応してからようやく追随する人も出てきます。「ＡＩ美空ひばり」がそうであったように、賛否両論あるものです。

革新的サービスを起こす「イノベーター」層は全体の２・５％程度、そのサービスに真っ先に飛びつく「アーリーアダプター」層は全体の13・５％程度と言われ、このあたりの層に普及したサービスは、その後爆発的なブームになるケースがあることが知られています。

一方で新技術やサービスをなかなか採用しない「レイトマジョリティ」といわれる層や、「ラガード」と呼ばれる普及しきったサービスであっても頑固に採用しない層も一定数いると言われています。

これは現実にそうなっているというだけで、どちらが良い悪いという話ではありません。新しい技術を採用するかどうかだけでも、これほど人によって態度に違いがあることは、誰もが知っておきたい知識だと思います。

ところが、自分がイノベーターであれ、アーリーであれ、レイトマジョリティやラガードの存在を忘れて**「自分が気に入っているから他人も気に入るはずだ」「自分が嫌なものは他人も嫌なはずだ」**と決めつける傾向があります。

こうした傾向のことを**「投影バイアス」**と呼んでいます。

26

【投影バイアス】Projection bias

自分と同じように他の人も考えるはず、相手も自分の意見に同意するはずだと、自分の考えを他人に投影する傾向。相手の考えを理解するのではなく、自分の考えを相手に押し付けてしまう。

◉具体例

「女性は産む機械」「知恵を出さないやつは助けない」「私はすごく物分りがいい、

すぐに忖度する」といった「政治家の失言」は「みんな自分と同じ考えだ」と思い込んでいるためになされるので、少なくとも発言した本人ははじめ「失言だと思っていない」のだと思われます。

「ＡＩ美空ひばり」にしても、そもそも技術的な側面の強いプロジェクトであったはずなのですが、いつの間にか**「審美的な価値があるかどうか」「倫理的に許されるかどうか」**とする基準で判断されてしまったという印象があります。

もちろん、紅白歌合戦に出演させるわけですから、「ＡＩ美空ひばり」が「面白い」か「不快」かで判断されてしまうのは、ある程度予想できたかもしれません。

ただ、そうだとしても初めての取り組みです。もう少し、下駄を履かせられなかったでしょうか。

また個人個人で美的感覚は異なるのが当然ですから、一方的な不快感ばかりではなく、技術者サイドの意見や意図も聞いたうえで判断するのは、新しい技術を社会に役立たせていくうえで必要なプロセスではなかったかと思います。

しかし「熱狂」を生む方法論を考えるうえでは、むしろ「一定数の人が胡散臭く思うと予想できる新技術プロジェクト」を仕掛けたおかげで、この「熱狂」は必然的に生まれたという印象が強くあります。作り手サイドが「炎上」を期待していたとは思えませんが。

先ほど紹介した「AIは仕事を奪うか」研究には続きの話があります。取り上げた「オズボーン論文」でも、またその反証論文でも、人工知能がタスクを自動化する可能性は否定していません。

AIに代表される新技術の活用や浸透によって既存の社会に変化が生まれていくことを昨今では「デジタルトランスフォーメーション（DX）」と表現することが増えていますが、そうした動きの一環として、今後あらゆるタスクがデジタル化、自動化していくと考えられています。

そうなると、デジタル化に対応できない人材が社会に適応できず、失業する可能性は否定できません。そうした事態に備えるため、**欧米各国ではデジタル化のための再教育（リカレント教育）にリソースを割こうとしています。**

一方、日本はどうでしょうか。

再教育を受けていれば回避できるであろうに、**「これまでの常識を疑わない人」が損をす**

る世の中になりつつあると筆者は実感しています。どうみても現状には問題が多いのですから、このままで良いはずがない。同じやり方で上手くいくわけがない。今までの常識や過去の成功体験に囚われている限り、いつまで経っても何も変わらないままではないでしょうか。

極端に賛成する人、まさに「イノベーション推進バイアス」に陥っている人の危機感の根源には、この「変わらない日本」に対する苛立ちが存在しているのかもしれません。

人々がこれだけ両極端の反応を見せると、意思決定に携わる「失敗を恐れる人々」はせっかくの新技術に対しても「なにか良くわからない恐ろしいもの」だと判断してしまいがちです。日本が新技術やイノベーションを提供する人々から「あまり魅力的でない環境」だと見なされるようになって、もうずいぶん時間が経ちました。

もう２０２０年になってしまいましたが、日本の臆病な意思決定権者の方々は、一体いつになったら「新しいものへの怯え」を乗り越え、主体的に決断を下すことができるようになるのでしょうか。

それとも意思決定権者を総取っ替えするほうがよほど手っ取り早いでしょうか。

第5章

嘘は真実より美しい

昔話 姥捨て山

ある国のお殿さまが「年老いて働けなくなった者は役に立たないから、親であっても山に捨てよ」という非情な「おふれ」を出しました。

おふれには逆らえず、ある家の息子が泣く泣く老母を山に捨てようとします。

しかし結局は捨てることができず、密かに家の床下にかくまい世話をすることになりました。

しばらくして、殿さまが隣の国から次のような難題を持ちかけられ、解けなければ攻め滅ぼすといって脅迫されました。

「姿も色も大きさも全く同じ親子の馬のうち、どちらが親でどちらが子かを当ててみよ」

「叩かなくても鳴る太鼓を持って来い」

困った殿さまは国中におふれを出し、良い知恵がないかと問いました。この話を聞いた老母は、次のように答えます。

「2頭の馬の前に、餌を入れたひとつの桶を置け。親馬は子馬に先に食べさせる」

「太鼓の皮をはがして、生きている蜂の群れを太鼓の中に入れ、皮を張り直せ。太鼓の中で蜂が飛び回ると、太鼓に張った皮にぶつかって音が出る」

息子は老母の知恵をお殿さまに献上します。

隣の国は驚いて、このような知恵者がいる国を攻めるのは危険だと考え、攻め込むのをあきらめました。

老母のすばらしい知恵のおかげで国を救われたことを知ったお殿さまは、老人は役に立たないと見なす間違った考えを改めました。

息子と老母にたくさんの褒美を与えると共に、おふれを撤回し、その後は老人を大切にするようになりました。

生産性がない人間は山に捨ててしまえというのはかなり極端な政策です。いったいどんな理由があれば、こういう政策が許されるのでしょうか。現在の日本社会は非常に深刻な高齢化に直面していますが、だからといって今の日本で「姥捨て」政策が決定されるとは到底思えません。

ただ、日本においては少子化の影響で若い世代の人口がどんどん減っている中で、もはや社会保障費を若い世代が負担していくのが難しくなってきています。

増加の一途をたどる社会保障費を高齢者にも負担してもらおうという議論も行われていますが、高齢者の間にも「富裕層」と「貧困層」の格差が広がっていますので、特に貧困層の高齢者にとってはこれ以上の負担増は、実質的な「姥捨て」に過ぎないようにも思います。

となると、**結局のところ「程度」と「言い方」の問題でしかない**ような気もします。

全てがうまくいくような状況ではない以上、誰かがどこかで損をしなければならない。

そのような状況にあって、痛みをともなう決断を迫られた権力者は、どのように振る舞うべきでしょうか。

一部の国民にしわ寄せがいくことを、すべて正直に説明すれば、間違いなく叩かれます。

「嘘も方便」という格言こそ、権力者で居続けるために最も必要な才能かも知れません。

ギャンブラーほど「確率」を知らない

■なぜ「宝くじ」が売れるのか

筆者が今一番好きなバラエティ番組はなにかと問われれば、**テレビ朝日系列「10万円でできるかな」**だと答えます。

この番組は、10万円分の宝くじやスクラッチ、1000円ガチャ、福袋などを10万円分だけ購入し、元が取れるかどうかを「Kis-My-Ft2」メンバーが体を張ったロケをして、そのVTRを「サンドウィッチマン」が検証する構成です。

筆者もたまにスクラッチを購入します。買うのは決まって**「わんにゃんスクラッチ」**です。犬の散歩道の帰りに2000円ほど購入して、当たると良いなぁ、当たったら美味しい晩御

サイコロの目の期待値

出る値	1	2	3	4	5	6
	×	×	×	×	×	×
その確率	$\frac{1}{6}$	$\frac{1}{6}$	$\frac{1}{6}$	$\frac{1}{6}$	$\frac{1}{6}$	$\frac{1}{6}$
	＝	＝	＝	＝	＝	＝

$$\frac{1}{6}+\frac{1}{3}+\frac{1}{2}+\frac{2}{3}+\frac{5}{6}+1=3.5$$

↑ 期待値

飯を食べたいなぁなんて考えながらスクラッチを削ります。ほとんど外れで、良くて6等200円がせいぜいですので、たいていは購入資金の2000円をパーにしています。

宝くじやスクラッチを買う人に向かって**「お金をドブに捨てているようなもの」「期待値が元手を下回っているくじを買うのは情弱のやること」**と批判したくなる人もいるでしょう。筆者もそういう言葉を掛けられた経験が何度もあります。

ちなみに期待値とは、ある確率的なイベントにおける結果の平均値を意味します。得られる結果の平均だと捉えれば良いでしょう。

例えば、1〜6まであるサイコロの目の期待値は3・5です。

出る目はどれも同じ確率です。1が出る確率と6が出る確率は同じです。

どの目が出るかは6通りの結果が考えられますが、その結果の平均を取ると3・5になります。これが期待値です。

同じように、2019年の年末ジャンボ宝くじの期待値を計算してみましょう。

1等から7等のほかに年末ラッキー賞まで加えても、宝くじを1口300円買った時の期待値は150円です。**300円を入れると、平均150円が返ってくるツボ**のようなものだと思ってください。たまにバグって7億が出てきて、でも大半は何も返ってきません。

そう聞くと、宝くじを買うのはものすごく損だと分かると思います。もちろん「当たり」が出れば十分に元が取れる可能性もあるのですが、くじの大半は「当選しない」ので期待値がこんなに低いのです。

「わんにゃんスクラッチ」にしても同様に計算してみたところ、1口200円を買ったときの期待値は90円でした。**200円を入れると平均90円が返ってくるツボ**なのです。

年末ジャンボ宝くじの期待値は50%あったのに対して、「わんにゃんスクラッチ」の期待値は45%しかありません。かわいい名前のくせに、なかなかえぐい商売だと思います。

ただ、こうして期待値がわかったからといって、筆者がスクラッチを買うことをやめるか

2019年「年末ジャンボ宝くじ」の期待値

等級	当選金額	当選確率	期待値
１等	700,000,000	2000万分の１	35
１等前後賞	150,000,000	1000万分の１	15
１等組違い賞	100,000	約10万分の１	1
２等	10,000,000	約666万分の１	2
３等	1,000,000	20万分の１	5
４等	100,000	１万分の１	10
５等	10,000	500分の１	20
６等	3,000	100分の１	30
７等	300	10分の１	30
年末ラッキー賞	20,000	１万分の１	2
		合計	150

「わんにゃんスクラッチ」の期待値

等級	当選金額	当選確率	期待値
１等	300,000	20000分の１	15
２等	30,000	3333分の１	9
３等	10,000	1000分の１	10
４等	5,000	313分の１	16
５等	1,000	50分の１	20
６等	200	10分の１	20
		合計	90

といえば、その予定はありません。

なぜかといえば、**当たりが出るか外れが出るか、削る瞬間のあのドキドキ・ワクワク感を味わうためにスクラッチを購入しているから**です。

「お金をドブに捨てている」「期待値が元手を下回っている」という批判は的外れなのです。高額当選を目的にスクラッチを買っているのではなく、ドキドキ・ワクワクを求めて買っているので、当たりが出なくても目的は達しているのです。

それゆえ筆者は「わんにゃんスクラッチ」の購入について十分な費用対効果があると感じています。**スクラッチを買う以外に、2000円を支払うことでドキドキ・ワクワク感を味合わせてくれる代替サービスがほかにあるでしょうか。**

テレビ番組「10万円でできるかな」の人気を見るかぎり、筆者と同じようにドキドキ・ワクワク感を味わいたい人がたくさんいるのは間違いありません。テレビを見るぶんには自分の懐が痛まないので、より気軽に楽しめるのでしょう。

■「2度あることは3度ある」というバイアス

２０２０年1月13日に放映された「10万円でできるかな」の企画「年末ジャンボ宝くじ買ったらいくら当たるかな⁉」は高額当選が連発し大いに盛り上がりました。

「Ｋｉｓ－Ｍｙ－Ｆｔ２」の他、「サンドウィッチマン」「ＥＸＩＴ」「メイプル超合金」「四千頭身」が出演しました。計16人が１人10万円で年末ジャンボ宝くじ・年末ジャンボミニをそれぞれ３３３枚ずつ買ったのですが、高額当選が連発した結果、16人中５人が10万円以上のリターンを獲得しました。

中でも藤ヶ谷太輔さんは年末ジャンボミニを購入し、４等１万円（当選確率０・３％）の当たりくじを３３３枚中６枚も当てていて、芸能人の引きの強さというか、強運ぶりに愕然とした視聴者も多かったと思います。

一方で、そんなに都合よく当たるわけが無い、やらせだったのではないかと言う人も一定数いたようです。

そこで、藤ヶ谷さんの引きの強さが実際にはどれくらいの確率だったのか、「二項分布」と呼ばれる手法を用いて計算してみようと思います。

「コインを投げて、表が出るか、裏が出るか」「宝くじを買って、当たりが出るか、外れが出るか」のように、起こる結果が2つしかない試み（試行）を「ベルヌーイ試行」と呼びます。

成功する確率をpとすると、失敗する確率は（1-p）と表せます。

通常のコイントスは、1回やろうと、2回やろうと、成功する確率pは同じで、かつ1回目の試みが2回目の確率に影響を与えることはありません。つまり何回目かによって成功する確率が変わったり、直前の結果が次に影響したりする状態は「ベルヌーイ試行」とは呼びません。そして今回の宝くじの場合は成功する確率pは同じで、1枚目の購入が2枚目の購入に影響を与えませんので「ベルヌーイ試行」が成立します。

このベルヌーイ試行をn回行って、成功する回数Xが従う確率分布を**二項分布**と呼びます。

少し難しい話なので、順を追って説明します。

例えば、コイントス（表が出る確率が50％）を10回やったとして、何回表が出るでしょうか。表が0回のこともあれば、10回出ることもあると思いますが、大体4～6回くらいが多いでしょう。二項分布は0回しか表が出ない確率、10回表が出る確率、5回表が出る確率を表現してくれます。

細かい計算式は省きますが、左図のようになります。

二項分布

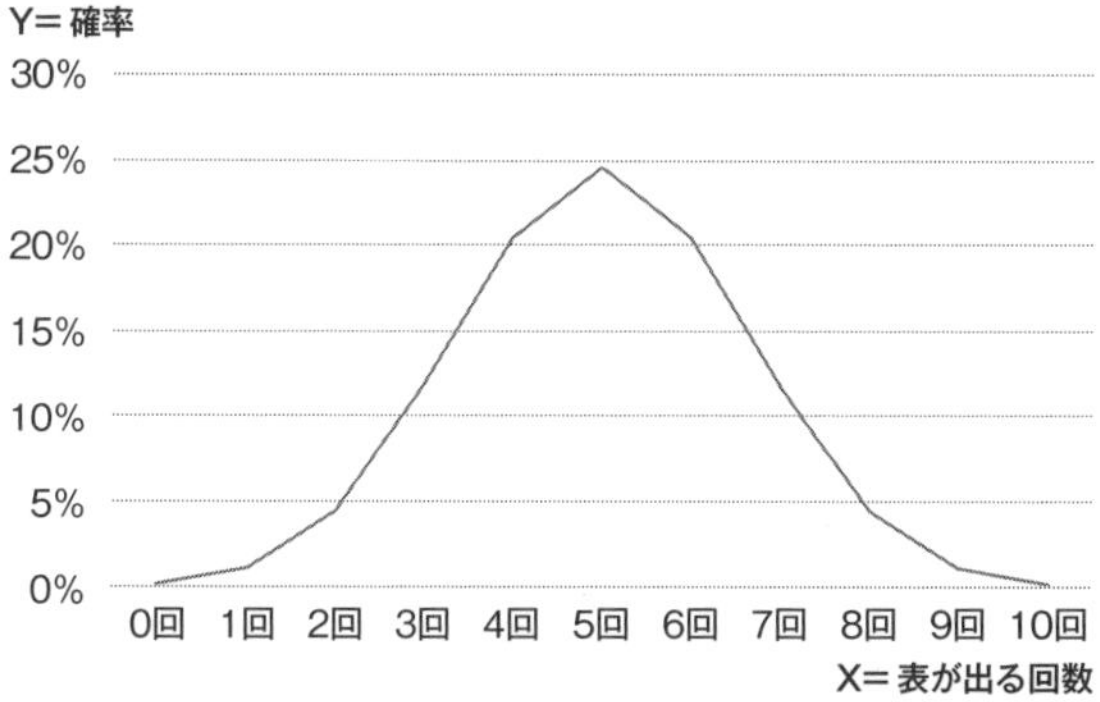

0回	1回	2回	3回	4回	5回	6回	7回	8回	9回	10回
0.10%	0.98%	4.39%	11.72%	20.51%	24.61%	20.51%	11.72%	4.39%	0.98%	0.10%

※数値は四捨五入

表か裏かしか出ないなら、10回コイントスすれば半分の５回が多いのだろうと考えがちですが、実際は約25％しかその確率はありません。

表が４回出る確率、６回出る確率はそれぞれ20％、足し合わせて66％です。つまり10回のコイントスを**３回行ったとして２回は「表が４回〜６回出る」のですが、１回は「表が０回〜３回、もしくは表が７回〜10回出る」**のです。

50％の確率で表が出るのに、10回コイントスして１回も表が出なかったとしても、それは約０・１％の確率で起こる現象で、珍しいですがまったく起きないとは言い切れません。

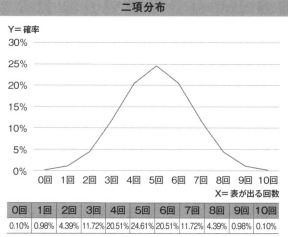

ベルヌーイ試行の確率収束（例）

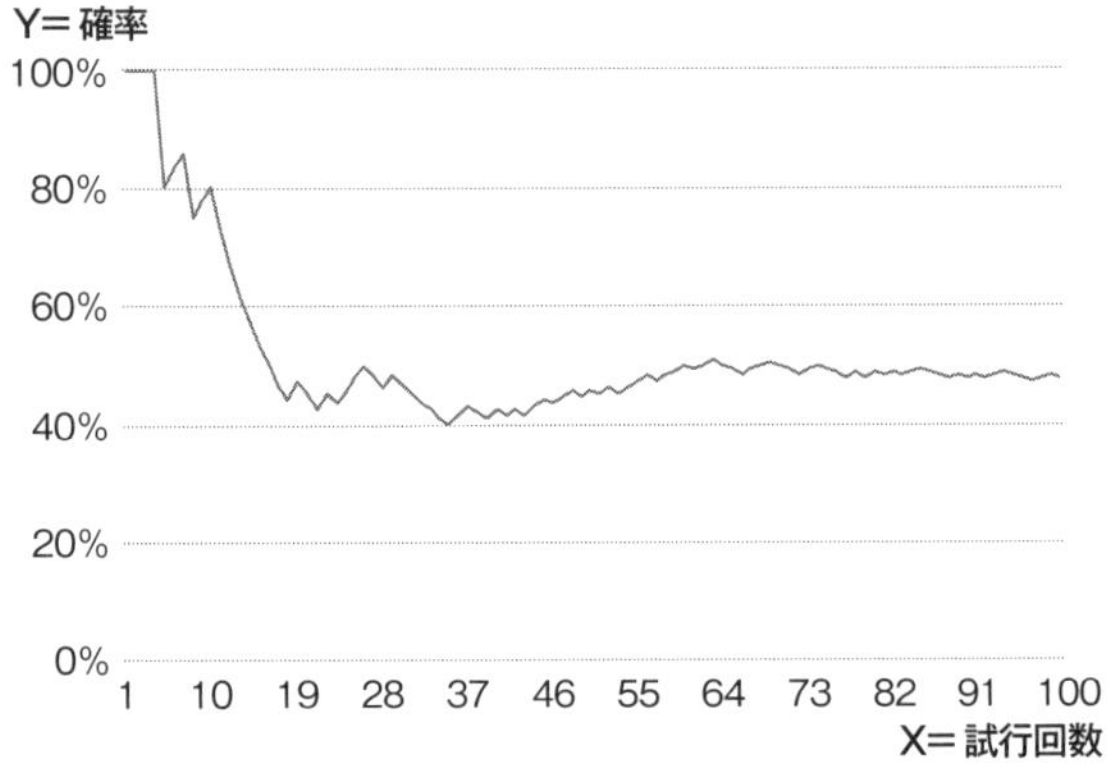

事象が起こる確率と、実際の結果には大きな乖離が生じるのです。

最初は2回連続で表が出たり、4回連続で裏が出たりと、短期的に見れば以下の図のように「表が出る確率」は乱高下します。

しかし何十回と繰り返していくうちに、確率は少しずつ安定を見せ、やがて事象が起こる確率に収斂されていきます。

冷静に考えればそうなのですが、なかなか納得できない人は多いでしょう。**人間は確率に弱すぎる**かもしれません。

1％の確率でレアアイテムが当たるガチャがあったとします。100回課金してもレアアイテムが当たらない確率はどれくらいでしょうか。

これも一種のベルヌーイ試行だと考えられま

す。ガチャを引くたびに確率が変わるわけではありませんし、1回目のガチャの結果が2回目のガチャの結果に影響を与えないという前提です。

「1％の確率で当たる」と考えるより、「99％の確率で外れる結果が100回連続起こる確率」だと置き換えて考えてみましょう。

正解は約37％です。思ったより高かったのではないでしょうか。

よく考えてみれば「1％だとなかなか当たらない」と分かるのですが、直感で考えると「100回やれば当たるかもしれない」と感じてしまう。このズレが大きな「歪み」を生じさせるのです。

■「運」に頼りすぎる人々

では、二項分布を用いて、藤ヶ谷太輔さんが4等1万円（当選確率0・3％）の当たりくじを333枚中6枚当てる確率はどのくらいか計算してみましょう。

当選確率は333分の1、0・3％です。外れる確率は99・7％なので、まずは外れが333回連続で起こる確率を考えてみましょう。

1万円（当選確率0.2%）の当たりくじを333枚中n枚当てる確率

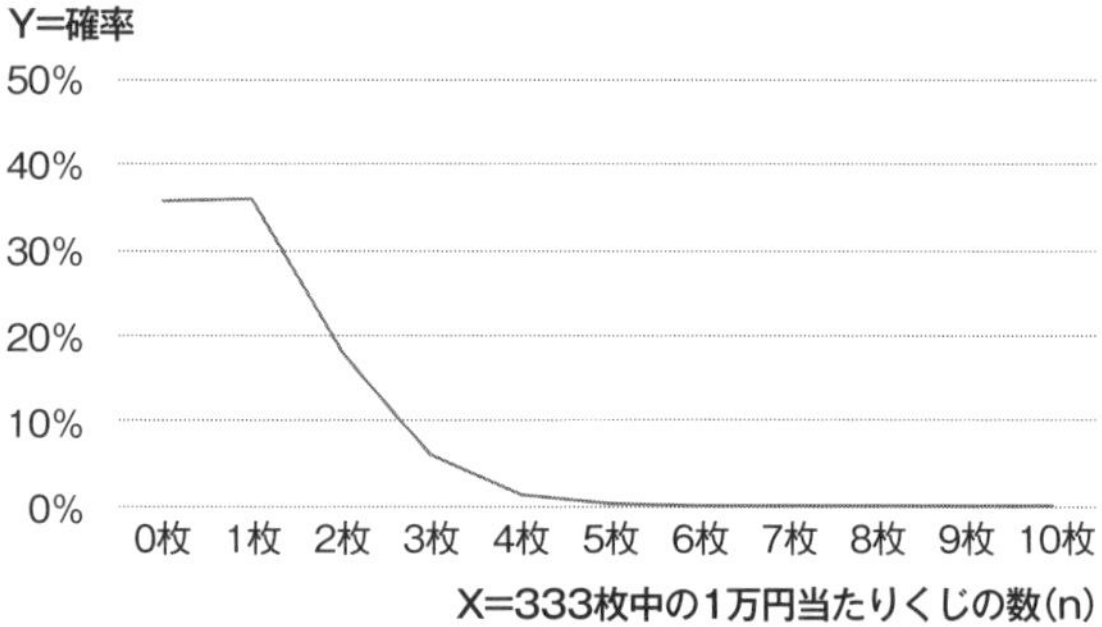

0枚	1枚	2枚	3枚	4枚	5枚	6枚	7枚	8枚	9枚	10枚
36.73%	36.84%	18.42%	6.12%	1.52%	0.30%	0.05%	0.01%	0.00%	0.00%	0.00%

正解は約37％です。逆に言えば１枚以上当たる確率は約63％あります。

細かい確率は上図の通りです。ちなみに図では省略していますが、３３３回中10枚以上当たる確率は０・００００１％と非常に低い確率です。

米国国家安全運輸委員会の調べでは全世界の航空会社の総合平均値で見た、乗った飛行機が墜落する確率は０・０００９％だそうですから、10枚当てるのは飛行機が墜落するよりもさらに低い確率ということになります。

藤ヶ谷さんは３３３回中６枚当てたのですが、その確率は約０・０５％、約１００００回に５回です。

そんな低い確率を引き当てるなんて普通あり

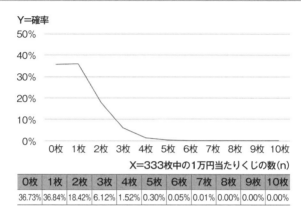

えないじゃないか、ヤラセじゃないか、と思われるかもしれませんが、**確率が低いだけでは「起きない」と言い切れません。**

滅多に起きない事象であったとしても、起こる可能性はゼロではないのです。

例えば、コイントスを行って5回連続で表が出たとします。起こる確率は約3％なので高い確率ではありませんが、実際に起きたからといって驚くほどの珍しい現象ではないでしょう。

このように人間は確率については判断を誤りがちなのですが、こうした傾向を**「ギャンブラーの誤謬」**と呼んでいます。

27

【ギャンブラーの誤謬】Gambler's fallacy

主観的な考えを優先し、確率論に基づいた予測を行わない傾向。たとえば少数回だけ試した結果表、表、表と続けば「次は必ず裏が出る」「次も表が出るかもしれない」と、その前の結果から予測してしまう（本来なら表と裏が出る確率は50％ずつ）。

◉ **具体例**

1913年8月18日にモンテカルロカジノでのルーレットゲームで、26回連続でボールが黒に入るという事件が起こりました。ルーレットに細工がないと仮定すると、26回連続してボールが同じ色（赤または黒）に入る確率は6660万回に1回という、非常にまれな事象でした。「こんなに黒が続いたのだから次こそ赤が出るはずだ」と考えたギャンブラーはきっと破産したでしょう。

コイントスを行って5回連続で表が出た場合、6回目は表と裏どちらが出ると考えられるでしょうか。コイントスはベルヌーイ試行ですので、確率は何回やっても変わりませんし、前の結果が後に影響を及ぼすこともありません。

しかし、**ギャンブラーは「流れ」「運」などと言って、本来はほぼ完全なランダム性の結果に傾向を見出そうとして判断を誤り、大金を失う**のです。

東京は有楽町にある「西銀座チャンスセンター」は、日本で一番長い行列ができる宝くじ売り場と言われています。特に年末ジャンボ宝くじの季節になると、宝くじを買い求めるお客さんの列が「大行列」と化します。

それだけ多くの人がこの「西銀座チャンスセンター」に並んで買おうとするのは、この場所が**「高額当選者が続出する宝くじ売り場」**だからです。もっとも、大行列ができるほど多くの人が宝くじを買う売り場なので、その分高額当選者が誕生する確率も高いのは当然、というツッコミもあるでしょう。

このように正しい確率を踏まえずに判断しようとする傾向を**「確率の無視」**と呼んでいます。

28

【確率の無視】Neglect of probability

確率を無視して判断する傾向。人間は確率を直感的に把握できないため、めったに発生しない小さなリスクを非常に過大評価したり、あるいは逆に「めったに起きないから大丈夫だ」として対策を怠ったりする。

◉具体例

「飛行機」「電車」「船」「自動車」のうち、事故に遭遇する確率が一番高い移動手段は「自動車」ですが、墜落事故の印象が強いせいか、飛行機移動を忌避する人が少なからずいます。

一方で、東日本大震災に起因して発生した福島第一原子力発電所の事故は、地震・津波が直接の原因にも関わらず「あのような規模の地震はそうそう起きない」として全国で原子力発電所の稼働が再開し始めています。

要するに人間は**「確率に弱い」生き物**なのです。

藤ヶ谷さんが1万円当選のクジを6本も当てたのはもちろん確率的に考えれば「滅多に起こらないレアケース」です。

ただ「レアケース」ではあっても確率的に考えれば「起こる可能性はある」ケースですので、「番組側が手心を加えない限り決して起こらない」ケースではありません。

ゆえに「レア」であることを理由に「番組のやらせ」と言うのはかなり無理があります。

なぜこのような「決めつけ」が起きてしまうかといえば、要するに「レアではあれども一定の確率で起きる」事例の確率を無視してしまっているからだと考えられます。

先の「確率の無視」の具体例でいえば、「大地震はめったに起きないから原発の対策を後回しにしても大丈夫」だと考えることとよく似ています。

もちろん原発の問題にはさまざまな立場があろうかと思いますが、確率のことだけを言えば原発を巨大地震が襲う可能性は「レアではあるが確率的には起き得る」ことであるのは間違いありません。

しかしながら、人間の思考の傾向として、確率を無視して判断してしまいがちなのです。

ギャンブルをする人や宝くじを買う人に向かって**「どうせ当たらないのに買うのはバカだ」「確率を計算できないのか」**という批判がなされることがよくあります。

その批判自体が間違っているとまでは言えないのですが、実は一面的な見方でしかなく、まだまだ人間を分かっていないとも筆者は思います。

「西銀座チャンスセンター」に行列をつくる人に向かって「あなたは確率に弱い」といって批判しても、それはいってみれば「地球は丸いですね」と言っているようなもので、事実を繰り返しているに過ぎず、あまり意味はないと考えます。

また、そういって批判している側もやはりどこかで確率を無視した行動をとっていたりするものではないでしょうか。

むしろ確率に弱いのは人間の本質だと「洞察」できれば、その心理をうまく利用するような**「悪魔的な方法」**を考えられると思います。「宝くじ」が今にいたるまで売れ続けているのも、またスマホゲームなどで「ガチャ」が大流行したのも、そのような「洞察」の結果ではないでしょうか。

とはいえ、ある程度は確率論を理解しておかないと、確率で人を騙すような商売に引っかかってしまうかもしれません。

そうした商売に引っかかるスリルもまたワクワク・ドキドキの一環だと言われれば、それもまた人間らしさなのかもしれませんが……。

「格付け」「権威付け」というテクニック

■なぜ日本人は「ランキング好き」なのか

日本人はランキングが好きだと言われています。古くは「相撲の番付表」から、近年では「理想の上司ランキング」まで、古今東西の物事になんでも格や順位（ランク）を付けたがる傾向があります。

格付け自体は何も日本に限った話ではなく、フランスを本拠地とする世界的タイヤメーカーのミシュランが刊行する「ミシュランガイド」は、世界中のレストラン・ホテルの格付けをしています。またその「ミシュランガイド」の星付きレストランを訪れる人は、万国共通でたくさん存在しています。

どうして人は「ランキング」を無邪気に信じてしまうのでしょうか。

面積や人口など万国共通の「ものさし」に照らしたランキングや、信頼性があり納得できるランキングならまだしも、一般人の感覚と異なっていて話題になるものも中にはあります。

不動産・住宅サイト「SUUMO」が毎年発表する「住みたい街ランキング」は、決して信頼性の低いものではありませんが、その結果がよく話題にのぼるランキングの一つです。

2019年の「関西版住みたい街（駅）ランキング」のトップ20は、7位に京都（JR東海道本線）がランクイン、12位に桂（阪急京都線）、14位には嵐山（阪急嵐山線）が続々とランクインするなど、昨年と比べて京都勢がランクアップを見せました。

一方、同時期に発表された「住みたい自治体ランキング」では、京都勢は10位に京都市中京区がランクイン、16位に京都市北区、20位に京都市左京区がランクインしていました。

ただ「駅ランキング」上位の「京都駅」は「下京区」、桂駅と嵐山駅は「西京区」ですから、**「住みたい街（駅）ランキング」の結果と矛盾しているように感じます。**

ちなみに「住みたい自治体ランキング」で下京区は30位、西京区は47位と、「住みたい街（駅）ランキング」と比べると大きな乖離がみられます。「駅」と「自治体」でランキングに乖離がみられるのは、「イメージ」の問題ではないかと筆者は考えています。

これは仮説に過ぎませんが、東京の場合なら港区に品川駅があり、品川区に目黒駅があるように、**京都の具体的な土地勘が無い人は、京都駅は中京区にあると思い込んでいるかもしれないと感じました。**

もしかすると、京都にあまり詳しくない人が「イメージ」で京都を代表する駅を「京都駅」、自治体を「中京区」とした回答が「住みたい街ランキング」には含まれているかもしれません。

ちなみに、「〇〇ランキングで1位」と聞くとなんとなく凄いような気がしがちですが、1位を作ること自体は実はさほど難しくありません。

例えばＥＣモール最大手の楽天では扱っている商品のカテゴリを６つの大項目に分けていますが、そこから１つドリルダウンすると39個ものカテゴリに細分化されています。

その１つ「ダイエット・健康」をドリルダウンすると「ダイエット」「サプリメント」「健康食品」など８つの中カテゴリに分かれ、「ダイエット」をドリルダウンすると「ダイエットドリンク」「ダイエットスイーツ」など６つの小カテゴリに分かれ、「ダイエットドリンク」をドリルダウンすると「ダイエットティー」「ダイエットコーヒー」など９つの小小カテゴリに分かれています。

これだけ小さなカテゴリに分割されていれば「カテゴリ1位」を獲得することは相対的に

易しくなりますが、それでも「カテゴリ1位」を名乗って宣伝できるのです。その他さらに性別や年代別のように「軸」を作ればさらに細分化できるので、ますますランキング1位を獲得しやすくなります。

■「客観的なデータ」という罠

ランキングの大半は、購入件数など実際の数値を測定した順位付けか、アンケートの回答数に応じた順位付けかの2パターンではないかと思います。

特にマーケティングの現場においてはアンケートによるランキングがけっこう重宝されているのではないでしょうか。**たった1人の意見は主観ですが、それを大勢集めると「客観」として通用します。**意見は数を集めるほど「客観性」が高まり、「1人」の意見の重みが相対的に下がります。

しかし多くの人はそうした「サンプルサイズ」を気にせずに、ランキングを信用してしまいがちです。これを**「サンプルサイズに対する鈍感さ」**と呼んでいます。

29

【サンプルサイズに対する鈍感さ】Insensitivity to sample size

少数のサンプルを調べただけで全体の傾向を理解したつもりになったり、代表的な値だけに注目したりする傾向。特に「率（%）」について、どれだけのサンプル数を集めたのかを無視してしまうと数字を見誤ってしまう。大勢に聞くよりも、少数の「良い」とする意見だけを取り上げて「こんなに評価されている」と宣伝するのは間違っています。

◉具体例

４回コイントスを行って１回表が出たコインを「表が20%出るコイン」と捉えるのは間違っています。表が出る確率が50%だったとして、それを確かめるのにコイントスを４回しか行わないのはサンプル数が不足しています。

他にも、80%の人がAよりもBを美味しいと評価しました、と宣伝したとしても、回答者がたった10人であれば、もう少し大勢に聞けば結果は変わった可能性があります。

サンプル数は多いにこしたことはありません。一方で、ただ無条件に大勢聞けば良いものでもありません。

例えば新宿駅前でＯＬに好きなアパレルブランドを聞いたとします。果たして、その結果は「ＯＬの意見を代表している」と言えるでしょうか。まずＯＬといっても、新宿のＯＬと丸の内のＯＬ、そして品川のＯＬでは好みが違っているでしょう。そもそも新宿にはアパレル店舗が数多く出店していますので、そのＯＬが直前まで覗いていたブランドを思い出して回答してしまうと、結果に偏りが生じます。

サンプルサイズの量だけでなくサンプルサイズの質もまた重要なのです。

元データの偏りはなるべく避けなければならないのですが、元のデータが正しく収集されておらず、分析者がデータの「計測」から始めなければならないケースによく遭遇します。

そもそも、**客観的なデータを計測して分析するには図に示すような正しい運用フローが必要になってきます**ので、それを踏まえていないランキングは何らかの意図によって「ねじ曲

「正しいデータ分析」のフローチャート

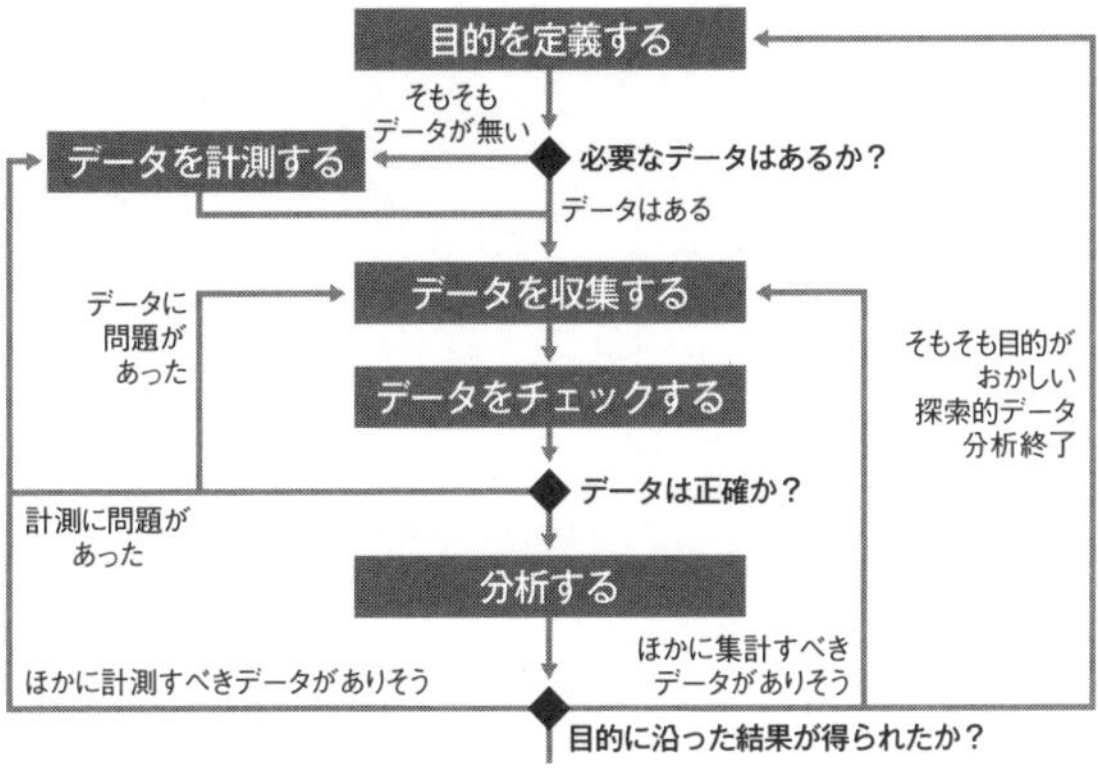

げられたランキング」だと考えていいかもしれません。

こういう「データ分析の裏事情」を理解していないから、出来上がったランキングや分析結果を疑わずに鵜呑みにしてしまいやすいのかもしれません。

■「数字」は都合良く作られる

ランキングを本当に「客観的」なものにしたいのなら、**「データなんて簡単に捏造できる」**という視点に立って、次の２つの点によく留意する必要があります。

１つ目は**「数字の信頼性」**です。

「そもそものサンプル数（量）が少ない」、あるいは「サンプル数が特定の年代・場所・嗜好に偏っている」など、ランキングの信頼性を担保するにはサンプルの取り方が重要になります。ちなみに統計学は、サンプルの量と質が担保されていることを証明する学問だと言えます。

新型コロナウイルスにより在宅勤務が強く奨励される中、いったいどれくらいの企業がテレワークに移行できているのか東京商工会議所が調査（期間は20年3月13日〜31日）を行い、その結果を20年4月8日に発表しました。

なんとテレワークを実施している企業の割合は、1333社のうち26％と、まずまず高い数字でした。

ただし、調査に答えて欲しいと要請した企業は13297社を数えます。回答した割合から考えると回収率は10・0％と恐ろしいほど低く、**実際は「テレワークを導入していない」と回答するぐらいなら、調査に答えないでいようとする意向があったのではないか**と勘繰りたくなります。そうなるとテレワークを実施している実際の割合は、相対的にもっと低いのではと考えられます。

2つ目は**「指標の妥当性」**です。

それこそ「新宿駅前にいたOLに聞いた」だけでは「すべてのOLに対するアパレル人気

調査」としては問題があるので、せめて質問の仕方を変えなければならないのです。

例えば明治安田生命が毎年実施している「理想の上司ランキング」では、就職を予定している新卒男女１１００人に対して、「バラエティ」「スポーツ選手・監督」「俳優・歌手」「文化人」の各部門から「理想の上司」１名を選んでもらう方式で作成されています。３年連続で男性は内村光良さん、女性は水卜麻美さんが選ばれています。

内村さんは「親しみやすい」「優しい」「頼もしい」が、水卜さんは「親しみやすい」「明るい」「おもしろい」が選ばれた理由だそうです。**それを見る限り単に好きなタレントを選んだだけではないのか、という「指標の妥当性」についての疑問が生じます。**

逆に言い換えれば「数字の信頼性」「指標の妥当性」が一見ありそうなランキングを作れば、自分に都合の良いデータを集めて、人を騙せるランキングを簡単に作成できます。

それっぽい数字が出て来れば、多くの人はそれっぽく解釈して、無いはずの傾向を見出し、京都駅が人気だとか、テレワークは浸透しているとか、内村さんは良い上司っぽく見えるとか**好き勝手に解釈してくれます。**

数字の意味を読み取らず、上辺だけを解釈する現象を**「錯誤相関」**と言います。

30

【錯誤相関】Illusory correlation

AとBに相関が無い（関係性が無い）のに、関係性があると思い込んでしまう傾向。

運命論者や占い好きに、錯誤相関は多いかもしれません。

◉具体例

黒猫が目の前を横切った日は、何か不幸が起きる。シャーペンの中の芯が折れた日は、何か不幸が起きる。こうした「迷信」が生まれるのも、黒猫が横切った偶然や、シャーペンの中の芯が折れた偶然と、なんら関係が無い不幸を紐付けるからです。

■人は「多数派」になびく

どうすれば、ランキングに騙されないでしょうか。

将棋のルールを覚えれば藤井聡太さんに勝てるとは限らないように、データを扱う方法論を学んだだけでは「偽ランキング」を見抜く力は養えません。ある種のセンスが必要なのだろうと筆者は考えています。

一方で、そうした「データを扱うセンス」とは別に、**「性格が素直じゃない人」「ひねくれている人」は偽ランキングにあまり騙されないような印象があります。**

まわりの意見がどうあれ、自分が納得しないと気が済まない人、正しいかどうかの根拠や理屈を重視する人は、同調圧力が高いとされる日本社会では浮いてしまいそうですが、偽ランキングに騙されないという点では非常に優秀な人材ともいえます。

逆に言えば、日本人の多数派は良くも悪くも付和雷同的で、周囲が「良い」と言えば「良い」としがちな性格なのかもしれません。「日本人はランキングが好き」なのはリテラシーの問題以前に、そういう性格的な理由が大きいとも考えられます。

一方、そうした日本人の性格を踏まえると「ランキング」の「魔力」を活用することは「熱狂」を作り出すうえで必須のテクニックとも言えます。**日本人の多数派は事実を確認しないままランキングで順位付けされた結果だけを受け入れがちなのです。**

いわゆるランキングでなくとも、例えば「食べログ」や「ぐるなび」など、レストランを星の数で評価するサイトにおいても、似たような傾向が見られます。

多数の消費者はこうしたサイトにおいてどういうロジックで星が付いているかを知らないまま、星の数を鵜呑みにしてお店に行くかどうかを決めています。

もちろん「食べログ」や「ぐるなび」ではユーザーの評価に基づいて星がつけられているので、これらのサイトにおける「星の数」とは、いわば「多数派の支持を集めている証拠」ともいえます。

ですので、ランキングや「星」をもとに判断するのは、ある意味では「多数派」に判断を委ねているような状態とも言えます。

みんなやっている、みんな使っている、みんな遊んでいる、みんな食べている。「みんな」は魔法の合言葉です。

多数派が使っているという事実は消費者の心理的障壁を下げ、購買行動への躊躇を減らします。スマートフォンアプリのCMでは、ラスト2秒で「〇〇万DL突破！」などと「みんなが使っているアプリ」である点をアピールするのが定番の演出になっています。

特にライトユーザー層向けの手法として、ランキングは「熱狂」を生みやすいと言えますが、あまり多用すると信頼感が失われるので、ほどほどにしたほうが無難かもしれません。

「信じたいもの」しか人の目には映らない

■「血液クレンジング」はニセ科学なのか

自身の血液を１００ｃｃ～２００ｃｃほど静脈から採血し「医療用オゾンガス」を混ぜて、再び自分の身体に戻す**「血液クレンジング」**がネット上で取り上げられ、大きな話題となりました。２０１９年下半期のバズワードの１つだったと言っても過言ではないでしょう。

殺菌や漂白に使われる酸素の同素体「オゾン」が血液に混ざることで、血行の改善や免疫の活性化が起こると言われています。実際、黒ずんだ血液が一瞬で鮮やかな赤に変色するので、見た目で効果があるように感じた人がいたのかもしれません。

もっとも静脈から抜いた血はもともと黒いのが普通です。血液には赤血球という細胞成分があり、その中のヘモグロビンという色素は、酸素と結合すると赤い色になります。動脈の血液は酸素を多く含んだヘモグロビンが含まれるので鮮やかな赤色ですが、静脈の血液は酸素をあまり含まないので黒ずんで見えます。

つまり「血液クレンジング」などしなくても、「肺」が同じような働きをもともとしているので、わざわざお金を払ってまで受ける必要があるのか疑問です。

「血液クレンジングが有効だという論文がドイツで発表されている」とする主張もあるようですが、その主張に対する反論として「その論文自体の信頼性に疑問がある」「FDA（アメリカ食品医薬品局）は医療用にオゾンを使用することを禁止している」といった主張が主に科学者サイドからなされているようです。

一方、科学者でもなく、また科学的な知識がない人のなかには、血液クレンジングを受けたあとで偶然体調が良くなったりすると**「血液クレンジングのおかげ」**のように思ってしまう場合もあるかもしれません。

科学的な根拠がないか、信憑性に疑問の余地があるにもかかわらず、もっともらしい理論として流通している説を俗に「ニセ科学」と称します。こうした説を信用している人は、よくネット上で叩かれたり、嘲笑の的になったりしています。

「血液クレンジング」のほかにも、「水素水」「ＥＭ菌」「マイナスイオン」「ホメオパシー」など、「効果が検証できない」「科学的根拠がない」と言われる商品が世の中にはまだまだたくさんありますが、これらの商品に一定数のファンが存在していることもまた事実です。

こうした「ニセ科学」商法に、なぜ私たちは騙されてしまうのでしょうか。

何をもって「科学的な手法」と呼ぶかについては諸説あると思いますが、とりあえず一般的な認識として**「実験などによって効果が検証されている」「その実験が他者によって再現できる」ものは「科学的」**だと考えられます。

言い換えれば、効果の「根拠」が他者によって再現できないもの、統計などの手法を用いて有効性が認められないものは、ひとまず「ニセ科学」だとしておいていいかもしれません。

例えば「水に罵詈雑言を浴びせて氷結させると汚い結晶ができる。綺麗な言葉を浴びせて氷結させると美しい結晶ができる」と紹介している書籍がなんと実際に存在しますが、おそらくこの現象を実験によって再現することは困難でしょう。

この他にも、根拠となっている「データ」が実は捏造されていたという事例もあるようですが、捏造されたデータに基づく説が科学的ではないのは言うまでもありません。

「科学的」なプロセス

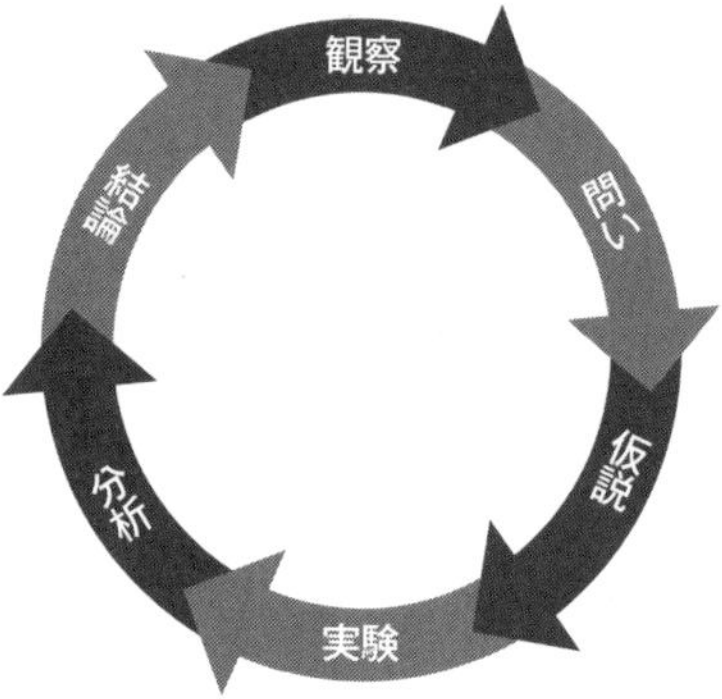

■「科学的」とはどういうことか

そもそも本来の「科学的な方法」とはとても厳密なもので、図のようなプロセスを経ていくことが必要とされます。

まず対象の「観察」からなぜその現象が生まれるのかという「問い」を立て、理由を検討して「仮説」を構築します。その「仮説」が正しいかどうかを「実験」によって検証し、その結果を「分析」し、「結論」を導きます。

仮に実験結果が仮説を証明するものであったとしても、例えば心理学の実験では別の文化圏で同じ実験をすると全く異なる結果が出る場合が知られていますが、対象や環境を変えるとその実験結果を再現できない場合があります。

そもそも科学とは、こういう厳密なプロセスを経て客観的な真実を立証していく方法自体を指すとも言えると思いますので、たった1回の実験結果をもって全てが正しいと断定すること自体が非科学的といえます。

マルケト日本法人代表を務めていた福田康隆氏は『THE MODEL』という著書の中で「科学的な」営業プロセスを提唱されていますが、この場合の「科学的」という言葉は、**属人的ではなく合理的で明確なプロセスを持ち「再現性が高い」**ことを意味しています。

ただ、こうした厳密なプロセスが客観的な真実の追求には必要だと言われるのも、本来人間は主観的な独断と偏見で物事を見がちだからかもしれません。

「独断と偏見」、つまりは最初から結論ありきで信じたいデータを探す傾向を**「観察者期待効果」**と呼んでいます。

31

【観察者期待効果】Observer-expectancy effect

仮説に一致するデータばかり探してしまったり、逆に仮説に反するデータを見落としたり、研究者が無意識のうちにデータを誤って解釈する傾向。「こうである」と思い込みが生まれてしまうと、偏った目線でデータを見てしまうのです。

◉具体例

新型コロナウイルス対策を巡って「PCR検査を積極的にするべきだ派」「むやみに隔離が必要な感染者を増やすべきでは無く、PCR検査は絞り込むべきだ派」の真っ二つに分かれてTV局だけでなくネット上でも舌戦が繰り広げられています。いずれも双方の主張を論理的に否定するだけでなく、自分の仮説に合致するデータのみを拾うため、会話が噛み合っているようで噛み合いません。

科学的な手続きに基づいていると、客観的な真実を重視するがあまり「効果がないとは言いきれない」といった曖昧な表現になりがちですが、一方「ニセ科学」では客観的な真実をあまり重要視していないので、「確実に効果がある」という断定口調を取りがちです。

もっとも「あいまいな口調」より「断定口調」のほうが消費者には好まれる現実もあるた

め、例えばＳＴＡＰ細胞をめぐる大騒動を見れば明らかであるように、往々にして「科学的な研究」よりも「ニセ科学」のほうが人々を「熱狂」させる印象があります。

■批判によって「信仰心」が強くなる

そもそも「ニセ科学」がなぜこれほど「炎上」し「叩かれる」のかを考えると、そもそも「科学的な妥当性の議論」が飛び交っているというよりも、「ニセ科学とは一種の詐欺である」という認識が一定程度いきわたっているからではないかと思います。

「ニセ科学」は詐欺的商法でもあります。「ニセ科学」を不幸にも信じてしまった人は、いわばカルト宗教にはまった信者のような「被害者」であり、一種洗脳されてしまった人たちであって、**その凝り固まった独断と偏見を「正しい科学的知見」によって「啓蒙」しなければならないと思われているのではないでしょうか。**

一方「ニセ科学」を信じる人としては、何の悪意もないのに、なぜ信じていることを一方的に批判されるのかが理解できないまま、感情的に反発しているのかも知れません。

その批判が正当なものであっても、批判によって自説を変える場合もあれば、ますます意固地になって自分の考えにしがみつく人も多くいます。特に後者の現象を**「バックファイア効果」**と呼んでいます。

32

【バックファイア効果】Backfire effect

信じたくない情報や自説にとって都合が悪いエビデンスに遭遇すると、もともとの信念を変えるよりも当初の信念をより強固に信じるようになる傾向。バックファイアとは、もともとエンジンで燃焼しきれなかったガスがエンジンの外で爆発する現象を指していますが、転じて「裏目に出る」の意味で英語の慣用表現となっています。

◉具体例

国論を二分するような問題（日本国内であれば沖縄問題、原発問題、新型コロナウイルスへの対応、他にも国際政治に関する問題など）においては、バックファイア効果が起きやすいと言われています。自分と異なる立場からの発信について、頭から嘘だと決めつける光景が日本においても見られます。こうした効果が、フェイクニュースの土壌となっているとも言われています。

「ニセ科学」を信じている相手に対して、「それは科学的ではない」という反論をしたところで、相手はますます「ニセ科学」を信じてしまう可能性があるわけです。

筆者は**「人を人差し指で差すと、人差し指以外の中指や薬指、小指は自分のほうを向く。だから人の間違いを指摘するときはその3倍は自分のことも注意するべき」**と諭されて育ってきました。相手の間違いを指摘することは本来とても難しいのです。

■「分断」を利用する人、利用されている人

本来は科学的ではない「ニセ科学」を商品の販促に用いることには筆者は感心できませんし、むしろ知り合いが「ニセ科学」にハマっているのを見た場合にはなるべく「正しい」科学的知識をもって説得するだろうと思います。

ただそうした善意からの「説得」が、「バックファイア効果」となり、余計相手との溝を深めてしまう可能性があることには留意すべきだと思います。

また「熱狂」を生むという観点から考えると、単に「ブームになりそうな目新しいニセ科学」を提示して商品を売る、といういささか古臭い「インチキ商法」とは異なり、逆に**「誤った知識を見ると正したくなる」という傾向を利用していく方法こそ、SNSが普及した時代にフィットした新しい手法**のような気がします。

アメリカのトランプ大統領はまさにこうした「世論を二分して物議をかもしそうな話題」を積極的にTwitterへ投稿して、自身の支持基盤を固めるという手法をとっています。彼の目的は「物議をかもす」ところにあるのですから、大元の情報が多少間違っていてもあまり気にしていないでしょう。

むしろ、トランプ大統領の発言を「フェイクニュースだ」と言ってリベラル派が批判すればするほど、もともとトランプ大統領を支持している層は「バックファイア効果」により、トランプ大統領への支持をますます強めていきます。

「ニセ科学」に「科学的」に反論するのと同様、「フェイクニュース」に対して「フェイクだ」と批判したところで、誰の心も動かず、現状の分断をただ強化するだけに終わるのです。

逆に、こうした手法を乗り越えるためには、「分断」を強化するより「異なる意見との対話」が必要になってくるでしょう。

例えば、太陽が地球を照らしていることを「神様のお恵み」だと考える人がいるとします。実際には「太陽は核融合反応を起こしている」に過ぎませんので科学的に見ればこの見方は全くの誤りです。

ただ「神様のお恵み」だと信じること自体は、例えば先祖や家族、友人との関係や、大事な思い出と関連するなど、その人にとっては特別な意味を持つことかもしれませんし、それを外部から窺い知ることは非常に困難です。となると、**その人の信念を「科学的誤謬」という点だけで批判するのは、物事の一面しか捉えていない批判**なのかもしれません。

そうなる前に、相手とまず「対話」をして、どのように考えているかを知り、相互に信頼関係を構築した上で、必要があれば正しい科学的を提供すればよいのではないかと思います。**「科学的か否か」という問題軸のほかに、「その人にとって価値・意味があるか否か」という問題軸もつねに存在している**のです。

「科学」と「価値・意味」は決して反対概念ではなく、本来はきちんと両立できるはずの概念ですので、人それぞれの価値については「あなたはあなたなりの考えがあるんだね」との一言で済ませてもいいのではないでしょうか。

そうではなく、あらゆる「ニセ科学」を徹底的に批判したいというなら、それは一種の原理主義ではないでしょうか。そうした考え方自体がかなり極端な方向に振れていますし、「極論である」という点だけでも逆に批判されかねません。

人間は「科学の世界」だけで生きているわけではなく、美しい花や絵画に心を動かされたり、美しい音色に心を癒されたりという風に、情緒的なものから喜びを感じる生き物でもあります。

仕事中にわざわざ缶コーヒーを買って飲むのは、単に喉の渇きをいやすためだけではなく、気分をリフレッシュさせたいという理由もありますし、また缶コーヒーを同僚に差し入れるとそれは相手に対して「お疲れ様」という意味合いのコミュニケーションにもなります。

缶コーヒーを販売する飲料メーカーはこうした「本来の機能とは異なる意味や価値」を洞察し、テレビCMなどにおいてもそういう価値を積極的に取り込んで宣伝しています。

正しいか間違いか、いいか悪いかという単純な二項対立で物事を捉えていると、バイアスに騙されやすくなりますし、また「人間性の洞察」からも離れていってしまうでしょう。

第6章

人は「矛盾」に満ちている

昔話

笠地蔵

とある雪国に、ひどく貧しい老夫婦が暮らしていました。年の瀬も近いのに、新年の餅すら買うことができない程、お金に困っていました。

そこで、おじいさんは笠を売ろうと思い、笠を背負えるだけ背負うと、雪が降っている中を街まで出かけていきました。

ところが、残念なことに笠はあまり売れず、餅が買えませんでした。

吹雪の気配が漂ってきたので、おじいさんは笠を売るのをあきらめ、家に帰ることにしました。

家まで帰る道中、雪が吹雪に変わった頃に、おじいさんは7人のお地蔵さまを見かけます。

いかにも寒そうなその様子を見て、お地蔵さまを可哀想に思ったおじいさんは、売れ残りの笠を被せることを思い付きます。

お地蔵さまの頭に降り積もった雪を払うと、一つ、また一つと笠を被せていきました。

しかし、最後の地蔵に被せる笠が足りなくなったので、おじいさんは自分の笠をお地蔵さまに被せると、吹雪の中を家へと帰りました。

雪まみれのおじいさんの姿を見て、驚いたおばあさんがその理由を聞くと「それは良いことをしましたね」と言って、餅が買えなかったことも責めませんでした。

その夜。

老夫婦が寝ていると、家の外で重たい物が落ちたような音がしました。

扉を開けて外の様子をうかがうと、家の前に米俵や餅・野菜・魚などの様々な食料と、小判などの財宝が山と積まれていました。

老夫婦は、笠を被った7人のお地蔵さまが吹雪のなかを去ってゆく姿を見送りました。

お地蔵さまからの贈り物のおかげで、老夫婦はとても良い新年を迎えることができました。

冷静に考えれば考えるほど、こんなキレイな話あるのかと思わざるを得ません。悪いことはバレないように隠蔽する、自分だけ得するように立ちまわる、偉い人に媚を売る……。生まれてこの方こういうことを一度もやったことが無い人なんておそらくいないでしょう。贈り物をする時にさえ「自分にとってのメリット」を計算に入れているのが人間です。

お地蔵さまの恩返しを期待した上で笠を被せたとはどこにも書いてありませんが、だからこそ嘘くさく感じるというか、**あまりにも人間の「善」の部分ばかりが強調された話**であるような気がします。

ゲスの勘ぐりじゃないか、と思われるかもしれませんが、思わず勘ぐりたくなるような「嘘臭さ」「キレイごと感」に満ちたこの話は、実のところその見かけとはまったく逆のことを語っているような気もします。

つまり、本来は煩悩にまみれたお話だから、ぱっと見は善意とキレイごとの話に見えるように「隠蔽工作」がなされている気がするのです。

欲望にまみれているのが人間の「一面の真実」です。ただ、そういった**欲望まみれの自分をできるだけ「キレイごと」の中に隠しておきたい、という「矛盾」**は人間本来の姿であるような気がします。

一方では「できるだけ楽をしたい」と思いながらも、「泥水をすすって精一杯の苦労をしている」ほうがカッコ良いと思われる。「頑張りたい」けど「頑張りたくない」。

人間とは本来そういう「矛盾」した生きものなのです。

「客観と主観のあいだ」につけ入る方法

■人はなぜ「占い」を信じるのか

易学、風水、占星術、タロットなど、洋の東西を問わず、実にさまざまな占いがあります。
そもそも歴史を遡れば、古代文明において占いを活用していた証拠がたくさんありますので、ほぼ人類の歴史イコール占いの歴史だといっても過言ではないと思います。

日本でも邪馬台国の卑弥呼はシャーマン（呪術を司る巫女）だったとも言われ、骨を焼きその割れ目を見て吉兆を占う「卜術《ぼく》」と呼ばれる占いを行っていたと「魏志倭人伝」にあるそうです。

平安時代には陰陽師が活躍し、天文学に基づく占星術や、方位学である風水によって、暦の策定から都市計画、気象予報までさまざまな分野に携わっていました。そもそも「江戸」東京自体が、皇居から見て鬼門（北東）の位置に寛永寺と神田神社を配し、裏鬼門（南西）には増上寺と日枝神社を建てた風水都市であるとも言われます。

かつての「占い」とは、今日みられるような「今日の運勢」といったお気楽な内容ではなく、国の将来や権力者の運命を明らかにして政治判断に役立てるためのものでした。しかし、やがて科学的な考え方が普及しはじめると、社会における占いの重要性は相対的に下がっていきます。

ただ、占いがまったくの「無用の長物」に堕したかと言えばそうではなく、科学がどれだけ進歩したところで、まったくの偶然や単なる確率を「運命」と呼ぶ人間の性質に変わりはありません。

１９８１年から１９８９年までアメリカ大統領を務めたロナルド・レーガンは、自身の暗殺未遂事件をキッカケに、ジョーン・キグリーと呼ばれる占星家を重用するようになります。ナンシー・レーガン夫人も同様に彼女に傾倒していました。

ジョーン・キグリーはホワイトハウスのスケジュールにも影響を及ぼし始めます。彼女のアドバイスによって良い日、普通の日、避けるべき日がカレンダー上で色分けして区別され、その区別に応じて政治日程が組まれていたそうです。

あまりの傾倒ぶりにホワイトハウスの首席補佐官だったドナルド・リーガンが諌める機会もしばしばあったようです。やがてレーガン大統領との間に深刻な対立が生まれ、リーガン首席補佐官は辞任します。

現代は卑弥呼の時代とまで言わないにしろ、占いと政治はいまも不可分の関係なのかもしれません。

一方、科学的な考え方が普及した今日では**「占いとは統計学である」**と言われるようにもなりました。過去のデータと、経験則の積み重ねから「傾向」を見出し、その傾向に基づいて判断するのが占いである、と主張する占い師もいるようです。

例えば「観相学」と呼ばれる占いでは、人の「人相」や「手相」の形状からその人の性質や運命を占いますが、これは統計的な判断をしているとされています。

江戸時代に活躍した水野南北という観相学の大家がいます。彼は「髪結い床（理髪店）」での見習いを3年、「湯屋の三助（銭湯の下男）」を3年、「火葬場の隠亡焼き（斎場の従業員）」を3年経験し、その間にいろいろな人の「人相」「手相」を徹底的に研究した結果、独自の「観相学」を確立したとされています。

「統計」と言われていますが、要するに「こういう人相の人はこういう人生になる」といった「経験則」を集めたものです。全くのデタラメとは言い切れませんが、科学的かと言われれば疑問の余地はあります。**「人相」と「人生」の全パターンを調べつくした上での結論ではなく、しかも再現性に欠けている**ように見えるからです。

■「しいたけ占い」はなぜ気分がアガるのか

今から15年ほど前、細木数子さんがメインMCを勤める「ズバリ言うわよ！」というTV番組がありました。番組で細木数子さんは「バカ野郎」「地獄に落ちる」「あんた死ぬわよ」などの数々の毒舌を放っていたのが非常に印象的でした。

もしかしたら「叱咤激励されたい」というニーズが一定程度あったのかもしれません。ですがもし今こうした毒舌をTV番組で再現したら、視聴者の反感を買うだけのような気もしますので、時代の変化を実感します。

逆に今大きな注目を集める「占い」と言えば、「VOGUE　GIRL」で12星座の週間占いを連載し、女性だけでなく男性からも幅広い人気を得ている「しいたけ」さんの「しいたけ占い」が真っ先にあげられます。

毎週月曜日に更新される「しいたけ占い」は、ほぼ毎回ソーシャル上でトレンドワード化するので注目されていますが、筆者も毎週欠かさずチェックしています。

しいたけ占いの特徴であり最大の強みは、その独特な言葉遣いにあります。

「『昨日までと違って、今日にしかない発見をする』ことが得意な人でもあるし、それを喜びにできる素敵な人なのです」「大げさな話をしたいわけではなくて、2020年の蟹座は間違いなく『奇跡を起こしていく』という流れになっていきます」といった独特な表現を駆使して不安や苛立ちをうまく言語化し、読者を「肯定」してくれます。

それでいてキツい表現やネガティブな言葉は一切使わず、あくまで優しい言葉で語りかけているところが、これだけ人気を集めている理由ではないでしょうか。

優しい言葉で、読者を全面的に肯定してくれる**「しいたけ占い」は、自己肯定感が低い人々にとって、承認欲求を高める格好のツール**となっているように思います。

つまり、「しいたけ占い」を読み自己肯定感を高める言葉のシャワーを浴びることで、おそらくカウンセリング的な癒しの効果が発揮されていると考えられますし、だからこそ、ここまで多くの読者が惹きつけられているのだろうと思うのです。

占いが当たったかどうかではなく、「今週も頑張ろう」という気持ちになりたいから「しいたけ占い」は読まれている、ということになります。

変化の激しい現代社会において、ビジネスでも私生活でも厳しい競争を強いられながら生きているのが私たちの日常です。新型コロナウイルスによってリモートワークと外出自粛が常態化する中、急に仕事がなくなって今後どうなるのか分からない人も大勢います。

そうした中、漠然とした不安を感じて弱気になるという経験は誰にでもあるのではないでしょうか。

「占いなんて当たらない」「占いに一喜一憂するなんてどうかしている」と占いを信じる人を見下すような発言をする人もたくさんいます。科学的かどうかという点でいえば占いは科学的とは言い切れませんので、ある種の「ニセ科学」だと考え、批判的に見ている人が一定数いるものと思います。

ただ、**そうした「原理主義的な批判」が「相手の考えを変えるどころかますます信念を強固にする」**という傾向について「ニセ科学」の節で考察しました。

仮に「占い」が非科学的であったとしても、占いによって気が楽になったり、自己肯定感が高まったりする「効能」があるのなら、そこまで厳しく批判する必要はないようにも思います。

そもそも「占い」を批判する人は「自分は占いには騙されない」とでも思っているのかもしれません。ですが、そもそも「私は偏見を持たない」という主張自体が、実はバイアスそのものなのです。これを**「ナイーブ・リアリズム」**と呼んでいます。

33

【ナイーブ・リアリズム】Naive realism

自分だけはバイアスに囚われる事なく客観的に物事を見ているというバイアス。自分は客観的に現実を認識しているので、他人も自分と同じように認識できるはずだと思うあまり、他人の認識が自分と異なっているとその人の考え方は不正確で歪んでいる、と感じてしまうのです。

◉具体例

「自分が投票した候補者が選挙で落選したのは票が不正に操作されていたからだ」「新

型コロナウイルスに自分はまだ感染していないので世間は過剰に反応しすぎだ」「うちの会社がリモートワークを導入しないのは何か裏があるからに違いない」などと自分の判断を正当化するあまり、「陰謀」などの根拠に乏しい「仮説」を無条件に信じてしまう。

つまり**「私はバイアスに囚われない」という考え方自体がすでにバイアスに囚われている証拠**ともいえるのです。

■「占い」はバイアスを利用している

難癖をつけているように思われてしまうかもしれませんが、人間は必ずどこかでバイアスに囚われた行動や判断を、無意識のうちにしています。

そういう**人間の本質を無視して「私は合理的に判断している」と考えると誤謬に陥りやすい**ですし、その思考法自体がバイアスに汚染されている、と言いたいのです。

思考がバイアスに囚われているということは、行動もまたバイアスに囚われていることを意味します。**「自己充足的予言」**という心理学用語は、思考が行動に大きな影響を与えることを示しています。

34

【自己充足的予言】Self-fulfilling prophecy

ある「予言」通りの結果が起こると「予言が当たった」ように錯覚する傾向。そもそも、その結果は人が無意識のうちに「予言を実現するよう」に行動した結果だった可能性があります。自ら予言を当てに行っているのです。

◉具体例

朝起きて「今日は良い日だ」と感じると、良い事象ばかりに意識が向きがちですが、逆に「今日はダメな日だ」と感じたら、悪い事象ばかりに意識が向きやすいものです。ほかにも、「部下はやる気がない」と直感すると、それに合致する情報ばかり目に入り、「やっぱり、私の見立ては正しかった」と判断しがちです。

占いを信じた人が行動を変えたことで、結果的に占いが当たってしまうということも考えられます。「しいたけ占い」によって「自己肯定感」を高められれば、その後も「良いこと」にばかり目が向くようになり、結果的にはより自分を肯定できるようになるでしょう。

占いを批判的に見てしまうと、どうしても「占いは非科学的なので当たらない」という側面を強調しがちですが、こうした人間心理の構造を考えると、**「占いが当たるかどうかは本質的な問題ではない」**と考えたほうが良いのではないでしょうか。

「しいたけ占い」以外にも、例えばゲッターズ飯田さんの占いや、島田秀平さんの占いなど、人気を集める占いがたくさんあります。それらは「当たる」という「価値」だけではなく、「自己肯定感」をはじめ人間の潜在意識に「働きかける力」においても「価値」を認められているがゆえ、人気を集めていると思います。

こういうと、まるで「占い師が人々を操っている」ように見えるかもしれませんが、もちろん「占い」はマインドコントロールではありませんし、考え方を強制されているわけでも、本来の価値観を消されしまうわけでもありません。

というより、優れた「占い師」は「占い」ファンの思考と行動の傾向をよく理解しており、その傾向を否定しないような表現方法を選択している、と見る方がより正確だと思います。優れた「占い師」ほど、断定的な表現、個別具体的な予想を避けて書き、受け手の期待を裏切らないように工夫を凝らしているのではないでしょうか。

もっとはっきり言えば**「占い」は「徹底的に一般論を書く」ことで成り立っています。**話をなるべく希釈して表現すると誰が読んでも当たっていると感じてしまうのでしょう。

ちなみに筆者は蟹《かに》座なのですが、ある占いを見ていて毎回「当てはまってるかも」「私のことが書かれている」と思って感動していていたら、実は蠍《さそり》座を見ていた……という嘘のような経験をしました。

こうした「誰であっても当てはまる」という効果は、実は**「バーナム効果」**という現象としても知られています。

35

【バーナム効果】Barnum effect

誰にでも該当するような曖昧で一般的な記述を、あたかも自分にだけ当てはまるものだと捉えてしまう現象。

◉具体例

「あなたは他人から好かれたい、賞賛してほしいと思っており、それにかかわらず自己を批判する傾向にあります」

「弱点を持っていても、あなたは普段それを克服することができます」

「あなたは使われず生かしきれていない才能を、かなり持っています」

「一見規律正しく自制的ですが、内心ではくよくよ悩んだり、不安になったりする傾向があります」

「自分にもあてはまっている」と思われるかもしれませんが、文章はいずれも一般的な内容ばかりです。これはバートラム・フォアが１９４８年に行った実験で、これらの指摘が自分にどれくらいあてはまっているかを0（まったく異なる）から5（非常に正確）で学生たちに評価させましたが、このときの平均点は4・26と、ほとんどが「あてはまる」と答えていました。

■「客観的には誤り」でも「私には真実」

もちろん「占い」の中には「詐欺師」や「霊感商法」「悪徳商法」の類もあるでしょう。いくら「自己肯定感」を感じられても、高価なツボやネックレス、墓石などは全く釣り合わない買い物です。そもそもそういうのは犯罪です。

ただ、人々が「占い」に「熱狂」してしまうのは、人々の「現状への不満」にうまく応えているからだともっと知られるべきです。

そもそもなぜ私たちは「不満」に悩まされているのでしょうか。

簡単に答えられる問いではないのですが、筆者は「主観」と「客観」の問題ではないかと思っています。

現代人の感じている「不満」とは主に自分の境遇と他人のそれを比較し、「劣っている」「不足している」と感じた場合に生まれると考えられます。

一方、「幸せ」とは他人との比較による相対的なものではなく、絶対的なもので、自分が幸福かどうかを決めるのはその人自身の考え方の問題であり、完全に「主観」の領域です。これは第1章でご紹介したアンカリングに通じる話です。

貧乏で年越し支度もできない「笠地蔵」の老夫婦のような暮らしは、他人から見れば「不幸な暮らし」に見えるかもしれませんが、当人が「自分たちは幸せだ」と実感していれば、それは間違いなく「幸せな暮らし」に他なりません。

ただ現代人は「笠地蔵」の老夫婦とは違うので、他人と自分を常に見比べて相対的な「不満」を日常的に感じていると思います。

そんな日常で「不満」を解消し「幸せ」になるには、お金や地位などにおいて「他人より優位に立つ」ことが必要ですが、厳しい競争社会の中で他人に勝つのはとても大変です。

むしろ人間は「客観的に見れば他人より劣っている暮らし」であっても、「主観的には幸せ」という矛盾を受け入れられる、都合のいい生き物ではないかと思います。

そういう観点でいうと「占い」は「客観」より「主観的な幸せ」に重きを置いたサービスであると考えられます。

一方ダイエット食品や投資の教材、外国語学習サービスといったものはその反対に他人との競争に勝ち「客観的な不満の解消」に役立つことを目指したサービスといえます。

どちらも消費者の「不満」の解消を目指す正しいアプローチだと思いますが、「客観サービス」は例えばサプリメント等がそうであるように、その「価値」を「客観的」に比較され、類似商品の乱立を経ていずれは価格競争に直面する運命です。

一方「しいたけ占い」は現在絶対的とも言えるほどの人気を誇り、他の追随を許さないサービスであり続けています。

重要なのは「客観」と「主観」のいずれに軸足を置くかではなく、「人間とは矛盾を内包する存在だ」という「洞察」であるのは言うまでもありません。今日「熱狂」を生み出しているサービスはそうした「洞察」を踏まえて作られているのです。

「数字」を並べて言い訳をする人々

■『FACTFULNESS』はなぜヒットしたのか

書籍取次の日本出版販売によると、２０１９年におけるビジネス翻訳書のベストセラー１位は『ＦＡＣＴＦＵＬＮＥＳＳ（ファクトフルネス）』（日経ＢＰ社）でした。本書を読まれている皆さんの中にも読まれた方が大勢いらっしゃると思いますし、もし読まれていなくてもタイトルを目にした方は多いのではないでしょうか。

そもそも書名に使われている「ＦＡＣＴＦＵＬＮＥＳＳ」という単語は、どういう意味を指しているのでしょうか。書籍の中では**「データや事実にもとづき世界を読み解く習慣」「世界を正しく見るスキル」**と定義されています。

ちょっと意識高い内容なのかな……と読む前に警戒する人もいるかもしれません。実際には教育、貧困、環境、エネルギー、人口など幅広い分野における最新の統計をもとに、世界の「正しい見方」を分かりやすく紹介する良書で、本書を読むと自分の「常識」が実は古いものだったことに気づかされます。筆者もそう思ったひとりです。

２０１９年12月時点で発行部数は50万部を突破。出版不況と言われる中、どの書店に行っても必ずといっていいほど置かれている、大ヒット書籍の代表格といえるでしょう。

ちなみに日本以外にも英語、ドイツ語、フランス語、イタリア語、ポルトガル語、アラビア語、中国語、韓国語など世界30カ国で刊行されており、２０１９年10月時点で全世界２００万部も売れているそうです。その約４分の１が日本で売れた部数と考えると、ちょっと多すぎる気もします。

『ＦＡＣＴＦＵＬＮＥＳＳ』は冒頭「世界の事実に関する13問のクイズ」から始まります。

質問２　世界で最も多くの人が住んでいるのはどこでしょう？

Ａ　低所得国

Ｂ　中所得国

C　高所得国

「発展途上国ほど人口が多い」というイメージがあるせいか、多くの人がこの問題に「A」と答えるようですが、実は「B」が正解です。

つまり、**かつて人口が爆発的に増えていた国々はその後経済発展を成し遂げ、自国内での貧困問題を解決しつつある**のですが、読者はそういう現状を知らずに、「発展途上国＝人口が多く貧困」というステレオタイプにとらわれている、という事実を突きつけます。

この「世界の事実に関する13問のクイズ」は、大半がこうした**「読者は実は世界が少しずつ良くなっていることを知らない」「私たちは現状を悲観的に捉えすぎている」**ことを明らかにするための設問です。

この「世界の事実に関する13問のクイズ」は、著者のハンス・ロスリングが世界のエリート層に実際に投げかけたものです。

２０１７年に14カ国で１万２０００人に対してこのクイズのオンライン調査を行ったところ、正解率が高かった地球温暖化に関する問題を除いた12問中、平均正解数はたった２問しかありませんでした。また、各種の専門家や、学歴が高く社会的な地位がある人も同様に正答率が低かったのです。

全て3択問題ですから、適当に選んでも正答率は約3分の1になるわけですが、それを下回っているというのは不正解を選びがちなバイアスの存在を示唆します。

犯人として考えられるバイアスの1つは、2章で紹介した**「確証バイアス」**（P109）です。

『FACTFULNESS』は人々が無意識のうちに陥っている「確証バイアス」に対して、ひとつひとつデータをもって反証していきます。読み進めるに従って、私たちはいかに自分が根拠の弱い情報を信じ込んでいたかという事実に目を開かされ、バイアスがガラガラッと音を立てて崩れていくような感覚を味わいます。

ただ、それだけで日本で50万部、全世界で200万部という世界的ベストセラーですから、大ヒットの理由は他にもあるものと考えられます。

ある商品が大ヒットしていく過程では、それまでその商品にはあまり興味がなかった人が興味を抱いて買いはじめるという現象が見られますが、その背景には**「単純接触効果」**という心理現象の存在が知られています。

36

【単純接触効果】Mere exposure effect

初めは興味がなかったり、苦手だったりしても、何度も見たり聞いたりしているうちに良い印象に変化する傾向。音楽や衣服、あるいは広告のようなものだけでなく、対人関係にも当てはまると考えられています。

◉具体例

選挙に勝つ方法として、毎朝選挙区の街頭で演説して顔と名前を覚えてもらう、選挙期間中はとにかく候補者の名前を連呼する、といった方法が行われています（それが良いか悪いかはさておき）。

SNS時代になってもツイッター、フェイスブック、新聞広告など複数の媒体の広告に何度も触れているうちに記憶され、印象が良くなってきます。そもそもツイッターのRT機能は「単純接触効果」を増大する役割を担っていると考えられます。

近年は「本を売る」方法として「オンラインサロン」などを活用し「コアなファン層を作りレビューの投稿などPRに協力してもらう」とする手法が話題になっています。

『FACTFULNESS』でこうした手法が意図的に取られたかどうかはわかりませんが、刊行後に「FACTFULNESSを読んだ人」のグループが成立して、ネット上で書評を投稿したり、noteなどのサービスを通じて書籍の情報を積極的に拡散したり、積極的に広めようとする行動が見られたと記憶しています。

本を売る側ではなく、買う側の読者がなぜ進んでこうした行動をとるのかといえば、1章でも説明した**「内集団バイアス」**（P68）で理解できると思います。本を持っていることが「あるグループに入る」ための「一種のステータス」化し始めると、かなりの規模の集団が先を争って本を買うという行動を起こすわけです。

フランスの経済学者トマ・ピケティによる『21世紀の資本』（みすず書房）は税込で6000円近い高価な本にもかかわらず、日本語版が発売1カ月で13万部を突破するなど、『FACTFULNESS』同様に売れに売れた本です。

数百年のデータを分析して、いずれの期間においても株取引等の手段によって資本が生み出す利益の増加率は、労働者の賃金の増加率を常に上回っていたことを立証し、格差問題とは資本主義そのものの構造的な問題であると主張する同書はまさしく名著といって過言ではないとおもいます。

ただ、本来は経済学の研究書として書かれた本です。ページ数も７００ページ超でかつ記述も難解ですので、あれだけの大ヒットを記録したこと自体が大きな話題になりました。

『ＦＡＣＴＦＵＬＮＥＳＳ』同様、『21世紀の資本』も「持っていて当然」「読んでいて当然」とする風潮が生まれ、企業経営者や役員などのエグゼクティブ層にとってステータス化したことが大ヒットの理由だと囁かれていますが、これこそ「内集団バイアス」の働きではないかと思います。

こうしたコアなファンの購買行動に「同調」し、さらに多くの人々が購買行動を取ることで、大ヒット商品となっていくわけですが、「みんなが読んでいるなら、私も買ってみようか」という傾向のことを**「同調バイアス」**といいます。

37

【同調バイアス】Conformity bias

次の行動を選択する際に、まずは他人の行動を観察してから、大勢が選んでいるのと同じ内容を選ぶ傾向。強いこだわりがない場合、選択が不安な場合は、とりあえず周囲に合わせようとします。皆と一緒だと安心できるのかもしれません。

◉具体例

学校や職場での「イジメ」を目撃した人は、加害者にはならなくても「イジメ」自体は見なかったことにしたり、同調バイアスがエスカレートすると加害者に加担する場合さえあります。

2003年2月18日、韓国で地下鉄火災が発生し、192人の命が奪われる大惨事がありました。事件後に発表された報道で、煙が充満した車内で平然と人々が座っている写真が公開されました。窓を割って逃げるのが最善策のようにも思いますが、おそらく「誰も慌てていないから窓を割って逃げるほどではないのだろう」と誰もが思ってしまったのでしょう。

もちろんヒットする書籍には内容の面白さ、タイミングの良さなど、さまざまな要素が関係すると思いますが、大勢の人にアピールした理由のひとつとして、人間の心理に訴えかける要素が含まれていたことは、とても重要な事実ではないかと思います。

『FACTFULNESS』は「ファクト」なのか

先ほどの「質問２　世界で最も多くの人が住んでいるのはどこでしょう？」という質問に戻ります。この質問の答えは「世界で最も多くの人が住んでいるのは中所得国である」でしたが、それが本当に「ファクト」なのか、まさに「ＦＡＣＴＦＵＬＮＥＳＳ（データに惑わされないスキル）」を発揮して検証してみたいと思います。

この質問の答えは、世界銀行の統計が根拠になっています。

同統計において低所得国、中所得国、高所得国とは、それぞれ「１人あたりＧＮＩ（国民

「低所得国・中所得国・高所得国」の区分け

高所得国	**1人あたりGNIが＄12,376以上**
中所得国	1人あたりGNIが＄3,996～＄12,375以上
中低所得国	1人あたりGNIが＄1,026～＄3,995以上
低所得国	1人あたりGNIが＄1,025以下

出典：世界銀行

所得）」の規模によって図のように定義されています。

アフリカのガーナに注目します。このランクに照らせば「中低所得国」、つまり先の設問で「最も人が住んでいる国」にあたります。

ガーナの主な産業は農水産業で、特にカカオは世界有数の産出量を誇ります。2010年からは原油・ガス生産を開始し経済成長が著しい国だと言われており、西アフリカでは政治経済の優等生だと評されているほどです。

そのガーナで、2010年11月にちょっとした事件が起きました。

ガーナの政府統計サービスが、GDPの計算方法を1968年に公開された計算式から、1993年に公開された新しい計算式に変更したところ、**図のようにGDPがいきなり60％も増加したのです。**

ほとんどの年で、「AGRICULTURE（第1次

「計算方式切り替え後」のガーナのGDP

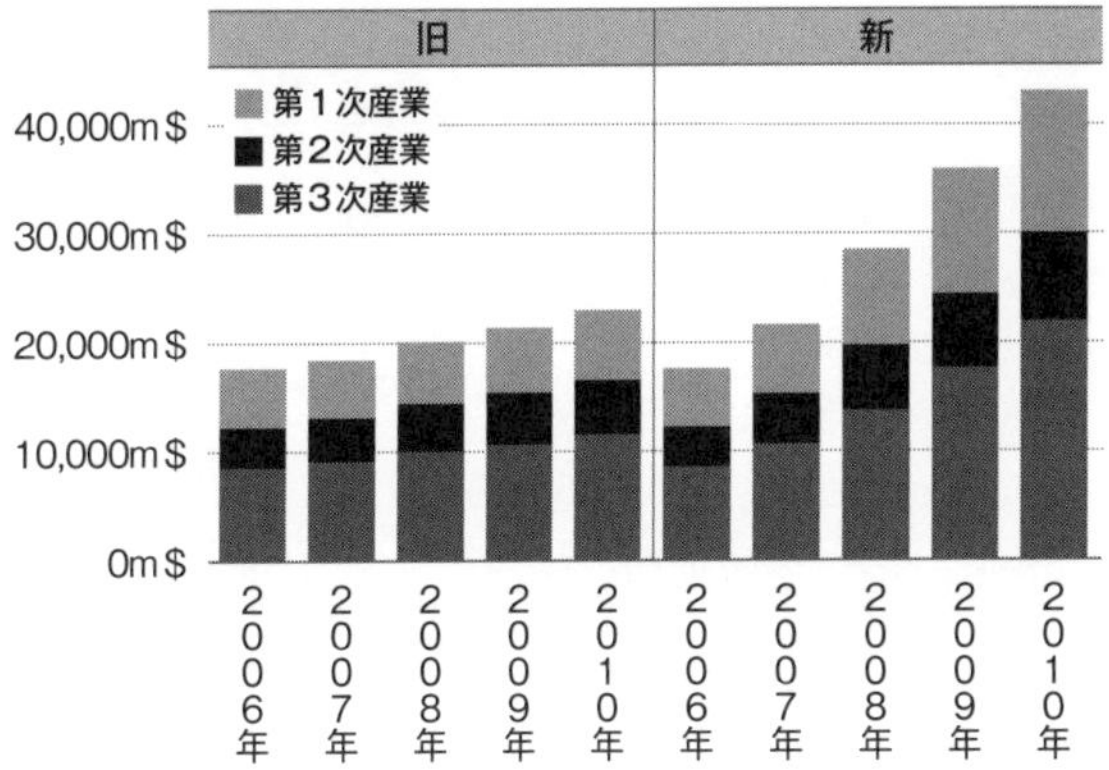

産業）」、「ＩＮＤＵＳＴＲＹ（第２次産業）」、「ＳＥＲＶＩＣＥＳ（第３次産業）」のいずれにおいても、左の旧計測値より新計測値のほうが大きな値になっています。特に「ＳＥＲＶＩＣＥＳ（第３次産業）」の伸びが著しく見えます。

ＧＤＰの計算方法を１９６８年方式から１９９３年方式に切り替えたのはガーナだけの話ではなく、日本をはじめとするほとんどの国で実施済みです。切り替え時にＧＤＰの値に多少の変動が見られるケースも多々あるのは事実ですが、60％も増加するなんてさすがに考えにくい。

ＧＤＰとは経済活動のすべてを正確に測定した結果ではなく、様々な統計を活用し計算式によって推計しているだけですので、多少の誤差はどうしても避けられないものではあります。

日本におけるGDPの基礎資料

生産・分配面

項目	推計に用いる主な基礎統計
産出	**工業統計、商業統計【経産省】** サービス産業動向調査、**科学技術研究統計、住宅・土地統計**【総務省】 建設総合統計、**自動車輸送統計**【国土交通省】、**作物統計、木材統計**【農林水産省】 各種有価証券報告書
中間投入	**産業連関表**【総務省10府省庁】 **工業統計、特定サービス産業実態統計**【経産省】、各種有価証券報告書
雇用者報酬	**国勢統計、労働力統計、就業構造基本統計**【総務省】 **毎月勤労統計、賃金構造基本統計**【厚労省】
間接税等	国の決算書【財務省】 地方財政統計【総務省】
固定資本減耗	**産業連関表**【総務省他10府省庁】、**工業統計、商業統計**【経産省】 **科学技術研究統計**【総務省】、建設総合統計【国交省】、各種有価証券報告書 民間企業投資・除却調査【内閣府】
営業余剰・混合所得	**個人企業経済統計**【総務省】、**法人企業統計**【財務省】

出典：内閣府

ちなみに日本の場合、内閣府の資料によればGDPの元になる統計として図に示したものが活用されているそうです。

誤差が生じるのはやむを得ないとはいえ、1968年方式から1993年方式への切り替えでは計測範囲の拡大や、既存の計算式の細かいチューニング程度の変更だったと言われていますので、60%ものGDP増加を説明するには無理があります。

つまりガーナにおける既存の統計がよほど脆弱なのではないか、と考えられます。

2015年8月、日本で『統計はウソをつくアフリカ開発統計に隠された真実と現実』という邦題の書籍が刊行されました。『FACTFULNESS』ほどは知られておらず、おそら

く ご存知の方はあまりいないでしょう。

もともとは２０１３年に「Poor numbers : How we are misled by African developments statistics and what to do about it」と題して米国で刊行された書籍で、著者のモルテン・イェルウェンはノルウェー出身の経済史研究者です。

本書は、博士論文のための調査でザンビアの統計局を訪れた著者が、その現場のずさんさに愕然とし、「彼らはどうやって統計を作っているのか」を疑問に思うところから始まっています。著者はサハラ以南のアフリカ諸国における国民経済計算とＧＤＰ統計の検証を行い、これらが「あてにならない」ことを立証します。

「統計があてにならない」といえば日本でも２０１９年に毎月勤労統計の不正操作事件が発生していますが、サハラ以南のアフリカ諸国における統計は、それをはるかに上回る規模であてにならないものだったのです。

例えば、ナイジェリアの人口は約2億人（２０１８年世界銀行調査によれば1億９５８７万人）と言われ、世界でも第7位の人口を誇る巨大国家です。

しかしイェルウェンによると、ナイジェリアの国勢調査は「植民地時代は徴税を逃れるために登録を回避したために過小な数値が記録」され、「独立後は政府資金の地域への配分や選挙での議員数の配分をふやすために実際より多くの人口が登録」されており、いずれにおいても実態を反映していないと説明します。

「2億人」と見積もった人口を誤魔化すためにあるデータが水増しされ、そのデータとの整合性のために違うデータが修正されるという、ある種の負のスパイラルに陥っているというのです。

このような状況下において、イェルウェンは「統計データ」とは「絶対に信頼できる」ものではなく**「政治的な妥協と、多くの恣意性を含んだデータであるという前提に立って議論すべき数字」**でしかないと述べています。

先ほどの「質問2　世界で最も多くの人が住んでいるのはどこでしょう?」は、こうした数字を集めている世界銀行の資料を「根拠」にして、「ファクト」だとしているのです。

世界銀行が公表している数字だから信頼できると思っていた、なんて言い訳に過ぎません。数字の全てが真実ではなく、実態を表しているとは限らない以上、統計データを扱うには「本当に正しいかどうか」を裏付ける作業が必要になります。

『FACTFULNESS』がそうした作業を怠っているとまではいいませんが、ここに掲載された数字だけを見せて「皆さんの認識は間違っているのです」と一方的に啓蒙することを筆者は極めて強く憂慮します。

ちなみに『ＦＡＣＴＦＵＬＮＥＳＳ』にはビル・ゲイツやオバマ元アメリカ大統領が次のような推薦文を寄せています。

One of the most important books I've ever read—an indispensable guide to thinking clearly about the world.

（名作中の名作。世界を正しく見るために欠かせない一冊だ）

——ビル・ゲイツ（マイクロソフト創業者）

Factfulness by Hans Rosling, an outstanding international public health expert, is a hopeful book about the potential for human progress when we work off facts rather than our inherent biases.

（思い込みではなく、事実をもとに行動すれば、人類はもっと前に進める。そんな希望を抱かせてくれる本）

——バラク・オバマ（元アメリカ大統領）

ビル・ゲイツは2018年にアメリカの大学を卒業した学生の希望者全員にプレゼントしたほど『FACTFULNESS』に感動したようです。一方、この『統計はウソをつく　アフリカ開発統計に隠された真実と現実』にも感動したようで、「2013年に私が読んだ最良の書」の1つに選んでいます。

ビル・ゲイツによると、自身が慈善活動を行う際、限られた資源をどこに振り向けるべきかを考えるうえで、1人あたりGDPは指針となる要素の1つだと思っていたが、その数字が正確さとは遠い数字だったことを本書が明らかにした……と『統計はウソをつく』を紹介しています。

ビル・ゲイツが『FACTFULNESS』と『統計はウソをつく』の両方を紹介しているのは面白い偶然ですが、聡明な彼のことですから『FACTFULNESS』に示されたデータの全てを「ファクト」だと思い込んではいないでしょう。

『統計はウソをつく』のヒットを受けて、ビル・ゲイツは「GDPの数字を正しいものにするために、より多くの資源を投入する必要がある」と述べていることからも、彼は事実をきちんと認識していることが明らかです。

■データという「権威付け」の活用法

ガーナの統計が正確性を欠いているのはなぜでしょうか。

統計に対する理解が足りていないから、統計に予算を当てていないから、数字に基づく政策立案が先進国ほど浸透していないから……と、様々な理由が思い浮かびますが、究極的には**「為政者に都合がいいから」**ではないでしょうか。

「ガーナは中所得国」であるという「事実かどうか疑わしいデータ」は、ガーナの為政者たちに「本来ならやるべき貧困対策をやらない言い訳」として使われる可能性があります。

また、誤って中所得国だと認定されることで、本来ビル・ゲイツらの慈善活動の対象となるべき国が、その対象から外れることになります。GDPをもとに資金の配分を見直す、というビル・ゲイツ自身のコメントが、その可能性を濃厚に示唆するものでした。

『FACTFULNESS』というタイトル、また世界中で大ヒットした書籍という事実からくる「単純接触効果」もあわさって、私たちは**「本書のデータはきっと正しいのだろう」**と思いがちです。

筆者が専門とする「データサイエンス」や「統計学」、あるいは広い意味でのビッグデータの活用が影響しているのかもしれませんが、今日「人間は正しいデータに基づいて正しく判断できる」と、私たちは無意識のうちに思い込んでいるような気もします。

しかし、人間はそもそも「ファクト」の取り扱いがそれほど得意ではありません。

２０１７年のノーベル経済学賞をリチャード・セイラー氏が受賞し、「行動経済学」が一挙に注目を集めました。行動経済学は、これまでの経済学と違って**「人間は時と場合によっては非合理的な意思決定を行う」「人間は記憶も思考も歪んでいる」**ことを大前提にしています。

本書でもその点を蕩々《とうとう》と述べてきました。

「データ」というファクトを集めさえすれば、その結果は正しいと考えるのは誤謬に陥りやすく、むしろ「データは間違っている」とする前提に立つことが、逆説的ながら「正しい判断をくだす」ためには最低限必要な身振りなのだと思います。

『ＦＡＣＴＦＵＬＮＥＳＳ』の大ヒットが示唆するものは、同書が正しいデータを集めて、正しく議論を積み重ねた結果、人々を「熱狂」させたということではありません。

むしろ人は「自分の判断の不確かさ」をおそらく理解しているので、「絶対に確かだと信じられそうなモノ」にすがろうとする、ということではないでしょうか。

この人が言っているなら間違いない、この本で言われているから間違いない。正しさの裏付け作業は誰かに任せて、「正しいとされているもの」を読みたいのです。

ただし、筆者は「人間とは無知蒙昧な愚か者」であると思っているわけではなく、むしろ「智慧」が備わっている存在だと考えています。正しく観察し、正しく判断することを諦めてしまってはならないでしょうし、それを諦めてしまうことこそ、本当の意味での「無知」ではないかと思います。

ただ「熱狂」を生む手法という意味では、一人ひとりの消費者に対して「データによる権威付け」を行うことはきわめて効果的であり、実際に活用したヒット商品がすでに数多く存在しています。

本来は統計の専門家サイドからも『FACTFULNESS』の収録データに対するツッコミがもっとあるべきとも考えるのですが、日本で50万部という大ヒットの実績によって『FACTFULNESS』の信頼性はより強固になってしまいました。

「まさか、そこまでヒットしている書籍に間違いはないだろう」と思われているとすれば、それこそ「バイアス」に他ならないのです。

「金と命」はいつも天秤にかけられる

■「新型コロナウイルス」が巻き起こす「熱狂」

この本が出版されるころには落ち着いていることを願っていますが、本稿執筆時点では「新型コロナウイルス感染症（ＣＯＶＩＤ－19）」が世界中で猛威を振るっている真っ最中です。もうお忘れかもしれませんが、今や全世界を恐怖の渦に叩き込んでいるコロナウイルスも、当初は小石が池にポチャンと落ちたときのさざ波程度のインパクトしかありませんでした。

２０１９年12月8日、中国の湖北省武漢市（人口１０８９万）の保健機関から原因不明の肺炎患者の存在が初めて報告されました。それ以降、感染者の輪が徐々に広がりはじめ、12月31日には世界保健機関への報告が行われました。

年が明けて2020年1月7日には原因が新種のコロナウイルスと判明、9日には最初の死者が発生しています。以来、武漢市を中心に感染者の拡大ペースが加速度的に増加、13日には中国国外で初めてとなる感染者がタイにおいて確認されました。

1月23日にはついに中国共産党中央政治局の指示によって武漢市の「都市封鎖」を実施し、バス、地下鉄、フェリー、空港、鉄道などの交通機関が停止されます。事態を重く見た各国政府は、武漢市に滞在する自国民をチャーター便で帰国させる措置を相次いで発表、日本政府も同様の措置を実施しました。

以降の経緯は記憶に新しいと思いますので割愛します。

当初は中国だけの問題と「対岸の火事」視していた欧州や米国が、感染拡大の中心地となってしまいました。2020年3月16日には中国本土での感染者数を、それ以外の国の感染者数がついに超えました。

日本においては当初横浜に寄港したクルーズ船「ダイヤモンド・プリンセス号」が話題の中心でした。しかし徐々に感染が拡大し、2020年4月7日に緊急事態宣言が一部の都道府県に発出され、さらに4月16日には対象地域が全国に拡大しました。

世界保健機関（WHO）の発表によると、新型コロナウイルスによる肺炎の致死率は3％

程度と推定され、高齢者ほど致死率が高くなるといわれています。

この先、全世界での死者数は数十万人という単位に上るとも予想されていて、現時点において「21世紀最大の悪夢」なのは論を待たないところかと思います。

まだ新型コロナウイルスが中国国内の問題だったころ、日本国内では「中国人入店禁止」の張り紙を貼った札幌のラーメン店や箱根の駄菓子店がネット上で話題になりました。**まさか、それから2カ月足らずで、そもそも入店禁止どころか外を出歩けなくなるなどと誰が想像したでしょうか。**

「中国人入店禁止」への反応はその大半は「やり過ぎだ」「人種差別的で不法行為だ」というバッシングでしたが、一方では人・モノ・金のグローバル化が局地的なウイルスの流行を全世界の危機に拡大した、とも考えられますので、簡単には結論が出せない難しい問題だったように思います。

海外からのインバウンド観光客は極端な落ち込みを見せ、街中の人出はめっきり減少しており、観光地をはじめ、飲食店や小売業だけでなく、経済全体が受ける被害はあまりに甚大です。

百貨店・スーパーマーケット・コンビニなどの小売店やレジャー業界、タクシー運転手な

景気の現状判断DIの構成比（2019年12～2020年2月）

年	月	良くなっている	やや良くなっている	変わらない	やや悪くなっている	悪くなっている
2019	12	1.0%	11.4%	45.9%	32.9%	8.9%
2020	1	1.0%	11.0%	46.5%	32.7%	8.9%
	2	0.9%	6.1%	25.0%	37.9%	30.1%

出典：内閣府

ど、景気に敏感な職種の約2000人にインタビューし、結果を分析した景気ウォッチャー調査によると、2019年10月の消費増税とコロナウイルスのダブルパンチを日本経済全体が食らったことが読み取れます。

景気の現状判断について上のような回答割合を示しました。**実に約7割が「悪くなっている」と回答しています。**

2019年12月30日に日経平均株価の終値は2万3656円をつけ、1990年以来29年ぶりの高い水準となりましたが、それからたった3カ月後の2020年3月19日には1万6552円まで値を下げ、その差は約7000円以上にもなります。

ニューヨーク株式市場も同様に値下がりしています。

ダウ平均株価はトランプ大統領が2017年1月20日、大統領に就任した際の終値1万9173・98ドルを3月

20日に下回りました。トランプ大統領の就任以降続いた「トランプ相場」は、これで終わりなのではないかという観測すら広がっています。

■メディアはなぜいつもバッシングされるのか

コロナウイルスによる感染拡大を防ぎ、死亡者を1人でも減らすために「感染者の早期発見」が重要な鍵を握ります。WHOのテドロス事務局は「検査、検査、検査だ。疑わしい例は全て検査するんだ」と発言していますが、感染が疑われる場合とは「感染者と接触し、かつ症状を示していること」だそうですので、単に症状だけがある状態での検査は実は奨励されていないそうです。

韓国のようにできるだけ全員のPCR検査を実施するという方針を打ち出した国もある一方、日本ではPCR検査は必要な人に限定して実施する方針を採っています。

韓国ではかつて「MERS（中東呼吸器症候群）」が大流行したことがあり、その時の経験が蓄積されていて、車に乗ったまま検体を採取できる「ドライブスルー型検査」など時間を大幅に短縮する方法を直ぐに取り入れることができたそうです。

一方、日本では病院か医療機関でしかＰＣＲ検査を実施できない事情があるため韓国方式を採用しにくいようです。

検査数を増やさない代わりに、日本では国民全員に予防の注意喚起を行い、クラスター（集団感染）については徹底的に感染経路を突き止め、感染者と接触があった人については全員ＰＣＲ検査を行うことで大規模な感染拡大を防ぐ、という方針を採用していると筆者は受け止めています。

どちらの方法がより適切な対応なのかは、その国の医療体制や衛生意識、経済状況などさまざまな要因が関与する問題であり、簡単には判断できません。

ですがネット上では韓国方式を支持する人、日本の対応を評価する人のあいだで、激しい論戦が繰り広げられており、**どちらも自分の主張と相反する意見を見つけては、批判的なコメントをつけるという場面が延々と繰り返されています。**

特にマスメディアに対する風当たりは強く、自説にそぐわない報道があればたちまちネット上には荒れたコメントが飛び交います。

これは**「敵対的メディア認知」**という一種のバイアスの影響ではないかと思います。

38

【敵対的メディア認知】Hostile media effect

メディアはいつも自分の思想とは反対側に歪んでいると認知する傾向。「マスメディアが世論を操作している」と考える人が多くいますが、メディアに懐疑的な人が多いため、実際にはあまり影響力が無いともいわれています。

◉具体例

ある報道について与党支持者は「野党寄りの報道だ」と感じ、野党支持者は「与党寄りの報道だ」と感じることがあります。「もっと公平・公正に報道して欲しい」とする発言は、誰にとっての公平さ・公正さなのでしょうか？

検査拡大派も現状肯定派もどちらも自説こそ正しいと思っており、相手陣営はデマ情報を流していると思い込んでいるのです。

かつて漫画家の小林よしのり氏が、戦後民主主義に「洗脳」された人々を「純粋まっすぐ君」と呼んでいました。その表現を思い出すほどの直情径行ぶりで、自分だけの正義感を互いに押し付けあっている姿は、ある意味でコロナよりも怖い現象です。

さらに、ＳＮＳによって「デマ」が拡散しています。

中でも「トイレットペーパーがなくなる」という「デマ」が飛び交って、不安にかられた消費者がドラッグストア等で買い占め行動に走るなど、実際に大きな影響がありました。後に、この「デマ」の発信者が某団体職員であると特定され、当該団体が謝罪に追い込まれるという事態も発生しています。

ただし「デマ」の発端とされるＳＮＳ投稿自体はほとんど拡散しておらず、実際にこの発信者による投稿が「デマ」拡散のキッカケだったかどうかは定かではないように思います。

むしろ「トイレットペーパーやティッシュペーパーが無くなるというデマが広がっているけど、それは事実無根だ」という発言がごく一部で拡散されたところ、マスメディアが「デマが飛び交っている」と報道したことで、騒動が全国規模に拡大していったように筆者には見えます。

そもそも、なぜ皆が皆デマに対して、こんなにも敏感に反応するのでしょうか。恐らく**「デ**

マに乗じて利益を得ている人々が許せない」と思い込んでしまうからでしょう。

こうした思い込みを持ってしまう傾向を**「ゼロサムヒューリスティック」**と呼んでいます。

39

【ゼロサムヒューリスティック】Zero-sum heuristic

「利益の総量は一定」と捉えてしまい、誰かが利益を得れば、その分だけ誰かが損をすると考えてしまう傾向。利益の総量を増やすように考えれば良いのですが、自分が関与できない領域となると「自分が損したくない」と感じる想いが強く働くようです。

◉具体例

1990〜2000年代に起きた「官僚批判」では、高級官僚が得をすれば国民が損をするように感じてしまったため、「高給取り」批判の大合唱が起きてしまいました。その結果、官僚は「大変な割に給料が安い職業」と見なされ、志望者が減っているといわれています。国家の舵取りを担う人材が減ったせいで、国全体の利益も減ってしまっています。

■なぜ人は「ノーミス」を追い求めるのか

「さっぽろ雪まつり」は換気の良い屋外でのイベントでしたが、終了後の２月13日以降、北海道では感染者が急増してしまいました。残念ながら「さっぽろ雪まつり」がクラスター感染の場として機能してしまいました。

ビニールハウスやプレハブ小屋の形態で屋台が多数出店していましたし、会場周辺の飲食店で休憩する人も多かったため、思わぬ形で感染者と同じ密閉された空間に居合わせたり、近距離で会話したりしてしまったためだと考えられています。

これを受けて政府は慌てて大規模イベントの自粛を要請しましたが、開催の可否については地域の感染状況に応じて主催者側が判断して欲しいと「丸投げ」したため、大きな批判が集まりました。政府のいう「大規模イベント」には基準がないため、野球やサッカーなどのスポーツイベントだけでなく、音楽ライブといった数百人規模のイベントが軒並み「自粛」となりました。

ウイルスの感染拡大を封じ込めるためには、「大規模イベントの自粛」をはじめとする「行動制限」の実施が必要ですが、「自粛」があまりに長期化したり、あるいは不必要なイベントまで自粛してしまうと、経済への影響が深刻化します。4月以降の急激な経済悪化を肌で感じている私たちがそのことを良く分かっています。

とはいえ、どの程度の行動制限をどのくらいの期間に渡って実施すればいいのか、国にも自治体にも確たる知見がないので、手探り状態で進めていくしかないのです。

言うは易く行うは難しで、政府はきわめて難しい判断を迫られているのは間違いありません。

イベント開催の基準が明確化されないことが一因となって、「イベントの開催決行」を決断するケースもあります。特にライブハウスやクラブイベント、演劇や寄席など、小規模のイベントでは自粛を見送ったケースも多々あるようです。

ただ、おそらくどう対応するかの知見が全くない中では、一定程度の失敗事例が生まれることは避けられないだろうと思います。「さっぽろ雪まつり」の事例から、たとえ屋外イベントであろうとクラスターになり得ると分かったのはむしろ大きな前進のはずです。

しかし、我々の感情としては「政府が基準を明確に提示すればクラスターの発生は避けられた」という気持ちになってしまいがちです。

交通事故に遭遇する確立をゼロにできないように、コロナウイルスの感染拡大を完璧に防ぐことは不可能といっていいと筆者は思いますが、人間にはどうしても「リスクをゼロにしたい」という**「ゼロリスクバイアス」**が存在するため、誤った判断に陥りがちです。

40

【ゼロリスクバイアス】Zero-risk bias

ある問題の危険性をゼロにする事を優先し、他の重要な問題をないがしろにする傾向。危険性の割合を1%から0%に減らすためのコストは、100%から10%に減らす場合に比べてはるかに高いのですが、人はコストを度外視してゼロリスクを追求しがちです。

◉具体例

新型コロナウイルスへの感染を完全に根絶するために手っ取り早いのは、全人類の一切の外出を禁止することです。しかしそうなると誰が重篤患者を診察し、食材を提供し、日常から出るゴミを処分するのでしょうか。あらゆるリスクを0％にしようとするなら、その他のリスクが増加することも合わせて見なければならないのですが、人はそれを無視してしまいがちです。

ゼロリスクを求めるあまり、「自粛」はどうしても過剰なものになりがちです。一方である程度の行動の自由を確保しなければ経済への打撃が深刻なものとなってしまいます。

■コロナは「ビジネスチャンス」なのか

コロナウイルスとの「戦争」が収束を迎えた後の世界のことを、すでに一部の人たちが「アフターコロナ」と呼び始めています。或いは、長期化を見据えて「ウィズコロナ」（新型コロナウイルスと共にある社会）なんて呼んでいる人もいます。

人間は「名前が付く」ことで、はじめてその概念を認識します。しかし、この**「アフターコロナ」「ウィズコロナ」**という言葉には、なんとなく人間の手垢の付いたマーケティング的視点を筆者は感じます。

「アフターコロナではテレワークやリモートワークが当たり前になる」「ウィズコロナは働かないおじさんをあぶり出す」「アフターコロナは個人の時代になる」「ウィズコロナ時代は働き方をより柔軟にしなければならない」といったように、そう主張する人のビジネス的な利益を意識した発言において、よく使われているように思えるからです。

下世話な言い方で恐縮ですが、「アフターコロナ」「ウィズコロナ」というテーマで書籍を刊行しようとしている人も中にはいるのかもしれません。

要するに医療従事者や政府関係者が新型コロナウイルスの感染拡大と必死に戦っている間も、「その後のビジネス」のことばかり考えている人が一定数いるのです。

こういう言い方をすると、筆者がそうした人々に対して批判的だ、と思われてしまいそうですが、実際は真逆です。

むしろ、将来のビジネスを意識して「アフターコロナ」「ウィズコロナ」という言葉を生み出したのは素晴らしい才能だと思いますし、世界中がパニックに陥っている中で、いかにお金を稼ぐかを考えられる冷静なビジネス感覚には、むしろ敬意をもっています。

人間はコストを度外視して「ゼロリスク」を追い求める極端な傾向もみられますが、そうした中でも「命も」「金も」と両方を追い求めるある種の「矛盾」に、人間のしたたかさを感じています。

新型コロナウイルスがもたらした「熱狂」というより「パニック」に近い状況からは、「人命のため」という大義名分によって人種差別的な行動が正当化されたり、「デマの拡散をふせぎたい」という「善意」によって逆にデマが拡散するという、人間の二面性が赤裸々に曝け出されました。

だからこそ、人間を理屈や損得勘定だけで判断してはいけないとわかります。**人間は「勘定」と「感情」の2つを元に行動します。新型コロナウイルスはそうした人間の本質を露わにした、といえるでしょう。**

おわりに

本書を最後まで読んで下さり、ありがとうございました。最後に、本書に込めた「想い」を語らせてください。

本書は、「マーケティング理論」と「行動経済学」、それに「データサイエンス」を用いて、ヒットした商品・事象・人の背景に隠されている「悪と欲望」を読み解く試みです。

「悪」＝「ダメなこと」「許されないこと」だという「イメージ」で捉えられがちですが、人間の心には「悪」が必ず潜んでいて、それを認めない限りは人間を理解しているとは言えないんだ、ということこそ本書でもっとも伝えたかったテーマです。

「7つの大罪」「108つの煩悩」等のように各宗教では「悪」を定義し、戒めていますが、逆にいえば「戒律」が必要とされるのは、そうしないと人間が「悪」になびいてしまうという何よりの証拠でもあります。

それほど「悪」とは魅力的で、人の心を熱狂させる力を持っています。

筆者はマーケティングの中でも特に「インサイトマーケティング」、つまり消費者が無意識に抱いているニーズを様々な手法によって読み解いていくという分野でお仕事をしていました。

プロローグでも触れたように、消費者へのアンケート調査やインタビューによって「サラダが食べたい」という答えがあったとしても、消費者の「本当のニーズ」は別のところに隠されているものです。

いかにして「隠れたニーズ」を読み解くか、ということを考えていったときに、「人間の心の善と悪という二面性」に着目するようになりました。

筆者は仏教系の学校で学んでいたせいもあって、仏教には多少なりとも親しんだ経験があるのですが、「人間の中の悪」とは要するに「煩悩」のことではないかと思い、読んでみたのが「阿毘達磨倶舎論《あびだつまくしゃろん》（仏教の教義体系を整理・発展させた1冊）」でした。

読んですぐ「根本煩悩」には対応する「波羅蜜（仏様になるために菩薩が行う修行）」があることを知りました。「煩悩」とそれを克服する修行が対応しているというのは、実は「悪」と「善」は表裏一体というのが仏の教えなのではないか、と自分なりに理解し始めたころ、毎日新聞出版の名古屋さんに「ぜひ体系化して、書籍にしませんか？」とお声がけをいただ

	根本煩悩	波羅蜜
第1章	貪	布施
第2章	瞋	忍辱
第3章	慢	精進
第4章	疑	持戒
第5章	悪見	禅定
第6章	痴	智慧

きました。

本書は、各章それぞれに具体的な商品やサービスを取り上げていますが、実はそれぞれ対応する「煩悩」と「波羅蜜」によって分類しています。

要するに「科学」だけでなく「仏教的な裏付け」もある話なんだ、ということを参考程度に知っておいていただければ幸いです

昔の人は本当に偉大だと思います。人間の心を体系化し、大きく「善」と「悪」それぞれに分類するのは非常に大変な作業だったでしょう。

「煩悩」といってもその種類は様々で範囲が広いもので、誰も傷付けないような行為や、法律上問題なさそうな行動でも、仏教では「煩悩」と認定されていたりします。

その上で仏教では「煩悩」とは身も心も滅ぼす

「悪」だとして強く戒めているのですが、一方では「煩悩」とは人間なら誰しもが持っている心であり、「波羅蜜」を通じて常に戒めていないと、人は容易に「煩悩」に引き寄せられてしまう、ということでもあります。

つまり「悪」はいけない、というのが仏教の重要な教えの1つなのですが、同時に「人は心のうちに悪を秘めている」というのも、また仏教の教えということになります。

これは「インサイトマーケティング」が「消費者の心の二面性」を前提としていることと、不思議なほど良く似た考え方だと思いました。

つまり「人の半分は悪」であるので、きっと「人は悪を刺激するようなもの」つまり「悪魔」に熱狂するのだろうと思い至りました。

ならば、「キレイごと」で人を戒めるより、人間本来の「悪」魅力を解き放つことで、ヒットは作れるのではないでしょうか。

そうした想いから書き始めた本書ですが、期せずして2020年に新型コロナウイルス問題が発生し、その想いをよりいっそう強く感じるようになりました。

新型コロナウイルス問題は、人は「キレイごと」だけでは動かないことを改めて白日のもとにさらしたと思います。

「善」でいようとすればするほど、その考え方は独善的になり、その結果、人に対して暴力的な振る舞いをしてしまったりします。

「俺はコロナで自粛しているのに、公園で子供を遊ばせているのが許せない」「みんな自粛しているのに営業しているパチンコが許せない」といった考え方自体を否定するつもりはありませんが、「他人をコントロールする」ことにあまりにも躍起になってしまうと、そもそも「善」の心から出たことだったはずが、人に迷惑をかけていたりします。

かといって「自粛を人に強要する」ことが「悪」だと断定することさえできないほど、私たちは不完全な判断しかできていません。

むしろ人間とはいつも「道徳心」がありながら同時に「不健全」でもあり、「協調性」を持ちながらも同時に「和を乱し」がちです。

人は単純ではなく、「矛盾」した存在なのだ、というのが筆者の考えであり、また仏教をはじめとする先人の教えでもあります。

そうした「矛盾」がどうしても許容できない、何事もキレイに合理的に割り切りたい、という人にこそ本書を手にとって欲しいと考えています。

最後に、本書を仕上げるにあたって、毎日新聞出版の名古屋さんには大変お世話になりました。的確過ぎるアドバイスを頂きました。また本書の執筆にあたっては、次の書籍を参考にしています。

『行動経済学の使い方』（著・大竹文雄）
『世界は感情で動く』（著・マッテオ・モッテルリーニ）
『実践　行動経済学』（著・リチャード・セイラー他）
『エッセンシャル版　行動経済学』（ミシェル・バデリー）
『ファスト&スロー』（ダニエル・カーネマン）
『思考のトラップ』（デイヴィッド・マクレイニー）
『心理学の神話をめぐって』（監修・日本心理学会）
『「欲しい」の本質』『ほんとうの欲求は、ほとんど無自覚』（大松孝弘、波田浩之）
日経クロストレンド：「サントリー天然水」成長の原点は〝首掛けPOP事件〟の大失敗
https://xtrend.nikkei.com/atcl/contents/18/00186/00001/

令和二年六月　松本健太郎

著者紹介

松本健太郎

まつもと・けんたろう

1984年生まれ。データサイエンティスト。

龍谷大学法学部卒業後、データサイエンスの重要性を痛感し、多摩大学大学院で統計学・データサイエンスを〝学び直し〟。デジタルマーケティングや消費者インサイトの分析業務を中心にさまざまなデータ分析を担当するほか、日経ビジネスオンライン、ＩＴｍｅｄｉａ、週刊東洋経済など各種媒体にＡＩ・データサイエンス・マーケティングに関する記事を執筆、テレビ番組の企画出演も多数。SNSを通じた情報発信には定評があり、noteで活躍しているオピニオンリーダーの知見をシェアする日経COMEMOメンバーとしても活躍中。

著書に『データサイエンス「超」入門』（毎日新聞出版）『誤解だらけの人工知能』『なぜ「つい買ってしまう」のか』（光文社新書）『グラフをつくる前に読む本』（技術評論社）など多数。

人《ひと》は悪魔《あくま》に熱狂《ねっきょう》する
悪《あく》と欲望《よくぼう》の行動経済学《こうどうけいざいがく》

第1刷　2020年7月15日
第5刷　2023年1月30日

著　者　松本健太郎《まつもとけんたろう》

発行人　小島明日奈
発行所　毎日新聞出版
〒102-0074
東京都千代田区九段南1-6-17　千代田会館5階
営業本部／03（6265）6941
図書第二編集部／03（6265）6746

印刷・製本　光邦

0-32640-5